몽골 현대시선집

몽골 현대시선집

펴낸날_2003년 12월 5일

지은이_이스. 돌람 외 3인

옮긴이_이안나

펴낸이_채호기

펴낸곳_ ㈜**문학과지성사**

등록번호_제10-918호(1993. 12. 16)

서울 마포구 서교동 363-12호 무원빌딩(121-838)

편집_338)7224~5   FAX 323)4180

영업_338)7222~3   FAX 338)7221

홈페이지_www.moonji.com

ⓒ 이안나, 2003. Printed in Seoul, Korea

ISBN 89-320-1461-2

* 옮긴이와 협의하여 인지는 생략합니다.

* 잘못된 책은 바꾸어드립니다.

모고스 현대시 선집

이스·돌람데·체데브
체·다욱도르찌 쩨·사롤보잉 지음
이안나 옮김

문학과지성사
2003

들어가기
존경하는 독자님들께

_데. 체데브

몽골과 한국 민족이 수백 년 전부터 교류 관계를 가지며 살아온 것은 두 나라의 역사의 장 속에 분명히 증거해준다. 이것을 시간적 연대기 혹은 사건의 인과 관계로 분명히하여 다양한 연구의 몫으로 삼는 것은 역사가, 연구가 등의 고유의 임무일 것이다.

역사연구가는 아니지만 몽골, 한국의 옛 시대 교류 관계의 연속선에서 문화사를 한 번이라도 새로운 장으로 전환·발전시키는 몫을 몽골의 우리 몇몇 작가들이 감당하게 되었다. 우리의 몇 작가란 몽골 문학의 한 시대 계승자이며, 20세기 후반부터 21세기 초에 걸쳐 저술 활동을 하고 있는 센덴짜빙 돌람Сэндэнжавын Дулам, 처이수렝깅 다욱도르찌Чойсүрэнгийн Дагвадорж, 쭘페렐링 사롤보잉 Жүмпэрэлийн Саруулбуян 그리고 더쩌어깅 체데브Дожоогийн Цэдэв 본인이다.

우리는 몽골인들의 수천 년의 문화유산인 구비 문학과 문학의 여러 장르로 심미적 즐거움을 경험하고, 『몽골 비사』 등 12~13세기부터 시작하여 여러 유명한 고전 작품들로 교육을 받은 세대들이다. 또한 민족의 예술적인 유산과 함께 동서양 문학의 풍부한 보고의 영양을 섭취하며 성장한 세대이기도 하다. 우리 작가들은 각각 서로 다른 독자적인 특징을 가지고 있다는 것을 누구도 부정하지 않는다. 우리에겐 차이점이 많지만 공통점이라고 한다면 문학의 여러 장르에 걸친 창작 활동과 학술 연구 작업을 병행한다는 점이다.

문학을 통해 그 나라 사람들의 사상과 정서를 다른 나라 사람들이 알게 된다는 것은 문화 세계의 한 경이라 할 수 있다. 이러한 놀라움 가운데 정신적 보고의 결정체인 시가 포함되어, 한국에 소개하게 된 것은 시운을 잘 만난 행운이라 생각한다.

이 큰 기회와 행운을 얻은 우리 네 명의 작가는 자신들의 창작시 가운데 몇 작품을 정선하여 존경하는 한국의 독자 여러분 앞에 몽골어에 능숙한 역자의 도움으로 내놓게 되었다. 본저에서는 20~21세기의 몽골인의 사유와 미학적인 정서가 크든 작든 표현되어 있다고 믿으며, 이러한 몽골인의 정서가 한국의 독자에게 소개될 수 있도록 기회를 마련해주신 파라다이스 문화재단에 진심으로 감사를 드린다.

본 시선집이 몽골과 한국의 문화 관계의 뜻깊은 한 페이지가 되어 남는 동시에 앞으로 많은 몽골 작가의 작품이 한국어로 번역되어 한국 독자 여러분의 몫이 되는 초석이 되기를 희망한다.

새로운 몽골의 시

_체. 다욱도르찌

몽골은 전 인류와 마찬가지로 흥망성쇠의 역사를 경험했다. 세계 속에 자부심과 번영의 시선을 위로 향했던 시대가 칭기즈 칸이 지배했던 시대였다면, 가장 어둡고 음울한 마음으로 살았던 때는 만주 청나라의 지배하에 있던 시대였다. 이러한 발전의 성쇠와 관련하여 예술과 문학의 발전도 일정하지는 않았다. 그러나 이론의 여지가 없는 진실은 어떠한 시대에든 문학의 장르 가운데 시는 매우 두각을 나타내며 발전해왔다는 점과 이러한 시 장르는 몽골 시의 본래적 특징이라고 말할 수 있는 구비시 혹은 전통적인 기록시의 창작 기법으로부터 배워왔다는 점이다.

몽골 시의 흐름을 소개하는 본고에서는 '새로운 몽골의 시'라는 주제를 가지고, 몽골의 모든 시대에 걸쳐서가 아니라 다만 우리가 살고 있는 시대를 포함하여 1세기 정도의 몽골 시에 대한 간략한 모습을 한국의 독자들에게 소개하려 한다. 이것은 민족적으로 무너져가는 데서 나라를 구한 민족의 자유 혁명, 더 나아가 민중 혁명의 시대에 발전한 시를 개괄적으로 살펴본다는 것을 의미한다.

일반적으로 현대라고 하면 1911~1921년, 1921년부터 오늘에 이르기까지 역사적 획을 긋는 시대를 말한다. 이 시대를 현대로 생각하는 이유는 민족의 자유 운동, 민중 혁명 등 새로운 사건과 그 과정이 몽골 사회의 체제를 근본적으로 변혁시켰으며, 그에 따라 시에도 이에 대한 반영이 때로는 강하게, 때로는 약하게 그 자취를 남겨왔기 때문이다. 즉, 20세기 초인 1920년대 시의 기본적인 경향은 '혁명의 노래, 시'라는 것으로 내용적 측면을 설명할 수 있다면, 1930년대 초부터 몽골 시는 세계적인 흐름으로 말해 진정한 의미에서 창작의 특수한 경향과 모습을 가지게 되었다고 할 수 있다. 데. 나착도르찌, 체. 담딩수렝, 게. 세르-어드 등의 재능 있는 시인들의 단편시, 장편시에서 그러한 예를 볼 수 있다. 데. 나착도르찌 Д. Нацагдорж는 고향, 모국어, 자국 문화 등에 대한 관심을 통해 조국애를 시에 반영했으며, 몽골인 모두의 가슴으로 아는 「나의 조국」이라는 시에 이러한 그의 정서를 표현했다. 체. 담딩수렝 Ц. Дамдинсүрэн은 30년대 중반 외국에서 공부하고 있을 때, 자신의 어머니에게 보내는 편지 형식으로 된 「늙으신 어머니」라는 장편 서정시를 써서 대중의 마음에 살아 있는 민족 시인으로 자리잡았다. 그리고 게. 세르-어드 Г. Сэр-Од는 새로운 몽골 시에 잠시 빛을 반짝였던 23세에 요절한 재능 있는 시인이다.

　　게르의 둥근 지붕 같은 푸르고 흰 새털구름, 은빛 커튼을 당겨
　　그저 지나쳐버린 즐거운 여름 그 안으로, 이마에 손을 얹어 먼 곳을 바라본다.
　　내려다보는 성채 같은 바위산은 색이 바랜 듯 보이고
　　깜빡이는 눈의 먼 끝에 사람을 희롱하는 신기루가 아물거린다.

그는 이 「가을」이라는 시에서 몽골의 자연을 마음에 새기며 회화적인 서정을 노래했다. 위에 언급한 시인들의 이러한 서정시의 전통은 1940~1950년대에 데. 체덴짜브, 체. 람수렝 등의 몇몇 시인들의 작품 속에 흡수되어 발전되었지만, 이 시대의 시가 보편적인 경향을 표현할 수 있는 수준에 이를 수 없었던 것은

1937~1940년 초기까지 계속된 정치적인 숙청의 그늘이 작가들의 자유로운 문학 창작 활동을 억압시켰던 점과 다른 측면으로 새롭고 젊은 시가 이념화된 문학의 속박에서 벗어날 수 없었던 점과 관계가 있다.

그러나 1960년대 초기에 이르러 문학은 이러한 정치적 간섭에서 멀어지게 되고, 이 시대 문학의 젊은 세대가 적지 않게 자라고 성장하였는데, 이러한 분위기는 몽골 문학에 새로운 경향을 보여주는 성공적인 시에서 분명히 느낄 수 있다. 체. 개타브(1929~1979), 체. 치미드(1927~1980), 베. 야보오홀랑(1929~1982) 등의 작가들의 단편시와 장편시가 이러한 예로 언급될 수 있다. 즉, 베. 야보오홀랑 Б.Явуухулан의 『은 멍에의 소리』(1962)라는 시선집은 이 시대뿐 아니라 계속되는 시대 속에 몽골 운문시의 새로운 지평을 열게 했다. 그의 시는 내적 의미보다는 외적인 현상을 묘사했던 관념적인 사상시 창작의 활발한 흐름을 서정시 장르로 변화시켰다. 이러한 시적 현상은 단순히 사물의 현상적 면을 말하는 것이 아니었다.

……말의 등에서 태어난 내 고향에서 살려고
자식의 마음으로 조국을 사랑했다고
후세에 말하게 하려 했네, 나는……

이라고 하여 조국애를 서정적으로 노래했으며, 「이 세상에 태어난 의미가 있다」라는 시에 자신의 시적 체계를 세워, 이 길로 이쉬. 수렝짜브, 페. 바다르츠, 페. 푸룹수렝, 데. 닥다르수렝, 이쉬. 돌람, 데. 체데브 등의 서로 다른 창작 기법을 가진 많은 시인들을 이끌어들였다. 또 에르. 처이넘, 데. 냠마, 엔. 냠도르찌 등의 특별한 모습과 예술적인 재능을 가진 시인들을 탄생시켰다. 그 밖에 데. 검버자브, 엠. 체덴도르찌, 이스. 다쉬더어러브, 엠. 쉬를칭수렝, 데. 푸릅도르찌 등 동시대 시인들은 자신의 작품을 새롭게 돌아보며 새로운 창작의 동기를 부여하기도 했다. 베. 야보오홀랑은 새로운 시대의 몽골 시인들 가운데 독자적인 자신의 문학 작품으로 "동양의 위대한 시인"이라는 값진 평가를 받았다. 실제로 이 시대부터 최근 30여 년 전 시대에 이르기까지 몽골 현대시의 정형성과 두운의 연결을 고수하는 전통을 발전시키고, 서정시의 장을 여는 동력을 주었으며, 그 문을 여는 열쇠를 발견하려는 추구의 길에 예술 작가들을 새롭게 출발시켰다고 할 수 있다. 특히 1970~1990년 초에는 데. 오리앙해, 데. 처어덜, 테. 어치르후, 어. 다쉬발바르, 이스. 돌람, 쩨. 사롤보잉, 일. 롭상도르찌, 데. 냠수렝, 베. 도르찌팔람, 데. 소미아, 데. 터르바트, 쩨. 벌트-에르덴, 데. 먀그마르수렝, 뱌. 엥흐토야, 베. 엥흐토야, 베. 히식수흐 등의 많은 시인들이 오늘날의 문학에 자신의 색깔과 경향을 가진 시로 독자의 주목을 받고 있다.

　오늘날의 몽골 시는 시를 쓰는 사람의 수로서가 아니라, 창작 기법의 풍부성과 다양한 면에서 연구하는 사람이 흥미를 가져야 할 탁월한 예리함이 주목을 끈다. 또 1990년대 초부터 모더니즘 시에 관심을 가지고, 한두 작품으로 이러한 문학적 경향을 높이 존중하고 있다는 것을 대중에 알리기를 희망하는 젊은 시인들도 있다. 다만 모더니즘은 몽골 문학에 흡수되어 시의 한 형태가 될 것인지 아닌지는 시간의 엄중한 검증이 있어야 하지 않을까 생각한다. _시인, 문학연구가, 비평가

차례

들어가기 - 존경하는 독자님들께 / 데. 체데브 · 5
새로운 몽골의 시 / 체. 다욱도르찌 · 7

이스·돌람

만추(晩秋) · 17
이동민을 위한 차 · 18
푸른 하늘 · 19
경주마의 눈 · 20
노래하는 고향 · 22
무늬 · 24
맑고 푸른 하늘 · 27
붉은 단풍 · 28
완셈베루가 꿈꾸며 · 30
육감의 서사시 · 32
감각의 구조 · 36
나를 그리라 · 37
꿈꾸는 나무 아래 선잠 · 40
어머니 · 42
요람 · 44
함박눈 · 45
우리는 · 46
천국보다 지옥에 이르는 것이 가깝고 · 47
변신 · 48
자유 · 49
신과 악마 · 50
비밀스런 삶의 법칙 · 52
손금이 보일 만큼의 작은 빛 · 53

데.체데브

아침 일찍 게르가 보이지 않을 정도로 · 61
드넓은 고비의 집 · 62
야생마의 먼지 · 64
고비의 모래 · 66
가을의 서늘함이 산에서 · 70
산비탈에서 · 72
봄눈 · 74
아네모네 · 76
죄 없이 밟힌 마음 · 77
아침 · 78
날개를 주세요 · 79
노래로 만나리 · 80
나의 시 · 81
불과 물 · 82
흐르는 물의 노래 · 83
바다 · 84
삶 · 85
어머니 · 86
사랑 · 87
아, 단 한마디 당신의 말 · 90
식물이 자라는 것은 · 91
너의 눈물 · 92
어제 저녁 붉게 노을졌던 태양 · 94
어머니 자연이여 · 95

어린 시절의 은방울 · 103

돈드 오하의 가을 · 104

잔잔한 델게르 강 · 106

어머니 · 108

진달래꽃 · 110

당신은 내게 항상 시를 말해줍니다 · 111

마음 · 112

아침마다 당신은 · 114

물새 · 116

차례로 마른풀이 되는 세상이라는 시의 장 · 118

아, 너와 나를 신께서 보셨네 · 119

신발 · 120

제주의 싱그러운 바람 · 122

제주의 전통 차 · 124

한국의 산 · 125

지루할 수 없는 세상의 빛이여 · 126

내 마음의 비 속에 꽃핀 센드마 · 128

백 날도 피지 않은 나의 꽃 · 130

마음이 흔들리던 날 · 132

가슴이 뛰도록 흔들리는 꽃 · 134

헤르헹의 허더 섬 · 136

한 줌의 흙 · 139

체·다욱도르찌

째. 사롤보잉

등 · 147
아버지와 말 · 148
엄마와 둘이서 물 길러 간다 · 150
초원 1 · 152
초원 2 · 154
말 · 156
가을 · 157
구름 · 158
저녁 · 160
어머니는 솥에 태양을 쏟아 부으신다 · 161
어머니, 용서하셔요 · 162
사슴의 소리 · 164
덤버 · 167
절굿대 · 168
항아리 · 170
잠자고 있는 아름다운 여인 · 171
나의 헤르렝 · 175
밤의 아름다움 · 178
만남 · 180

현대 몽골시 개관 - 현대 몽골 시의 모습 · 188
역자 후기 · 195

이스 · 돌람

만추
이동민을 위한 차
푸른 하늘
경주마의 눈
노래하는 고향
무늬
맑고 푸른 하늘
붉은 단풍
완셈베루가 꿈꾸며
육감의 서사시
감각의 구조
나를 그리라
꿈꾸는 나무 아래 선잠
어머니
요람
함박눈
우리는
천국보다 지옥에 이르는 것이 가깝고
변신
자유
신과 악마
비밀스런 삶의 법칙
손금이 보일 만큼의 작은 빛

만추(晚秋)

샘 끝이 열린다.
물이 붙었다.
황금빛 언덕에 그늘이 진다.
산, 산에 골안개
초원의 외로운 천막이 바람에 펄럭인다.
가축몰이는 끝이 났다.
밖으로 나가고 싶은 마음
망설임
문 위로 달이 더디 돋는다.
음력 이십오일이 가까웠다.
암소가 이리저리 다니다가 초원에서 밤을 지낸다.
젖이 줄어드는 때가 가까웠다.
발바닥 아래서 나뭇잎이 바스락
가을 풀이 말랐다.
앞쪽 게르*를 향해 가만-히 살핀다.
남몰래 정이 들었다.

* 게르: 몽골의 전통 가옥.

이동민을 위한 차

"이동이다. 이동" 하며
밖에서 아이가 흥분해 소리치네.
퍼서 부으라는 듯
불 위에서 차가 끓고 있는데,
지나가버리겠다며
집 안에서 어머니는 황급히 서두르시네.
우름과 저어히*를 만드시고
모양새 좋고 맛있는 것들을 준비하시네.
이른 아침 끓여 부은 차가
덤버* 주전자의 목까지 뜨거웠지만
높은 항가이*를 향해 가는
유목민들을 위해 새 차를 끓이셨네.
전쟁에서 승리한 영웅을
맞이하려는 것처럼
잠시 들렀다 떠날 이동하는 사람들을
맞으러 어머니는 달려가시네.

* 우름, 저어히: 가축의 젖으로 만든 유제품.
* 덤버: 은이나 동으로 만든 몽골의 전통 주전자.
* 항가이: 숲과 나무가 많은 산 지역.

푸른 하늘

눈에 물을 가득 머금고 잠드는 아기의
      가늘게 뜬 실눈으로
출렁이는 푸른 하늘이 환기구를 통해
      고개를 숙이고 다가간다.
요람에 누워 열흘도 채 되지 않은 갓난아기는
      연한 알처럼
둥글고 흰 볼을 봉곳봉곳거리며 꿈꾸듯
      미소짓는다.
기마 민족의 마음과 평화가 이에서
      무엇이 더 있을까
몽골의 아기들은 요람에서 꿈꾼다
      푸른 하늘을.

경주마의 눈

수많은 경주마 앞에서
뽀오얀 먼지를 일으키며
선두로 달려오고 있는
경주마의 눈을 보라.
광막한 지평선에
어둠이 서서히 열리고
먼 산들이 잠시 휴식을 취할 때
새벽의 금성이 그렇게 빛난다.
사라진 하나밖에 없는 새끼와
만날 것을 생각지도 못하고 있을 때
새끼가 건강하게 살아서 돌아오면
무엇에 잘 놀라 소리치는 어미는
그렇게 열렬해진다.
짐승으로 태어난 운명 탓으로
말을 할 순 없지만
흘러내리는 진주 같은 땀방울마다
끝없는 희열과 환호에 온몸을 투르르 턴다.
너의 운과 정기가 약해져 있으면
그것은 날고 나부끼며 다시 찾아오리라.
너의 일에 흐려진 것이 있다면
새로이 일을 이루어낼 힘을 얻으리라.
수많은 경주마 앞에서

뽀오얀 먼지를 일으키며
선두로 달려오고 있는
경주마의 눈을 보라!

노래하는 고향

갈바*의 붉은 낙타는
들판에 연이어 자란 작*같이 줄지어 가고
작열하는 황금빛 사구는
동남쪽으로 펼쳐져 있다.
고비의 푸른 산, 산들은
멀리 병풍처럼 둘러 있고,
투명하고 맑은 강물은
가장자리를 수놓듯 굽이굽이 흐른다.
나이 든 낙타가 지칠 만한 높은 곳을
저지대를 따라 올라가면
재배용 꽃씨 같은
검은 모래가 가득히 흐트러져 있다.
얼굴을 태우는 바람이
부드럽게 살랑거리고
뜨거운 불이 눈에 이글거릴 때
더위를 식히는 시원한 바람이 가벼이 볼을 만진다.
연이어 있는 사구를 이동시킬 만한
사나운 폭풍에
헝거르*의 모래 구릉은
사자의 무성한 갈기처럼 자라나고,
명아주가 모래를 밀고 올라오는
비 많은 해의 가을.

초오르*의 가락이 울려 퍼지며
헝거르의 모래는 노래한다.
마두금*을 사랑하는
몽골인들의 보금자리
그 모래들까지 노래한다.
조국을 사랑한다고.

* 갈바: 고비의 한 지명.
* 작: 사막에서 자라는 식물.
* 헝거르: 고비 사막의 한 지명.
* 초오르, 마두금: 몽골의 전통 악기.

무늬

비가 되기 전
넓고 푸른 하늘에
떠다니는
호르마스트*의
화신 같은 구름 무늬,
수증기가 되기 전
강의 수면에
흘러가는
대지의
푸른 물결 무늬는
서로가 서로를 쫓고 있는가 보다.
신께 올리는 신성한 젖으로 만든 것 같은
참바가랍 산의 만년설이 뒤덮인 정상의
순백의 무늬.
발바닥을 대자마자 물집이 잡히는
헝거르의
뜨거운 모래 물결 무늬.
높은 산 정상의 성스런 무늬.
모래의 반짝이는 자개 무늬결을
고향의 바람이
그린 것인가.
바람의 발자취

상념의 기록이 된
이 많은 무늬를
조화시켜 읽으면
'조국과 평화'라는
소중한 하나의 묶음이 된다.
자라난 고향의 산
바양볼록의 주름진 문양에는
넓은 이 세상에
영원히 새겨진 무늬가 있다.
공룡이 알을 낳은
바양 작의 들녘에는
지나간 수억 년의 세월 속에 일어났던
개벽의 뒤바뀐 자취가 있다.
조국의 풍부한 역사의
분명하고도 진실한 언어.
조상의 무늬가
내 손바닥 안에 있다.
반쯤은 다른 이의 생각으로
삶을 꾀하여 살지 않은
스스로의 목소리 같은
지문이 내 손가락 안에 있다.
밤과 낮의 순환 속에

잠시의 휴식을 모르는
심장의 거센 폭풍은
내 가슴의 무늬.
진실한 벗들 사이에
거짓과 허물의 무늬가 없기를……
행위와 생각은 먼 미래 속에
문양져 있기를 소망한다.

* 호르마스트: 몽골의 99천신 중 우두머리 신.

맑고 푸른 하늘

맑고 푸르게 하는 자 이 하늘에서, 우리는
지혜와 밝은 지성을 배운다.
끝도 없이 광활한 이 초원에서, 우리는
순결하고 넓은 마음을 얻는다.
멈춤 없이 앞으로 물결쳐 흐르는 강물에서, 우리는
목적한 곳에 이르는 믿음을 생각한다.
수직으로 연이은 회색빛 산, 산에서 우리는
용기와 인내의 이야기를 듣는다.
분홍빛 작약꽃 그에게서, 우리는
가슴을 성스럽게 하는 사랑을 발견한다.
즐겁고 명랑한 여름, 우리는
뜨거운 청춘의 생명력을 느낀다.
누렇게 변한 초원의 가을에서
고통을 맛보는 자의 인고를 생각한다.
균열되는 소리를 낼 듯한 겨울의 희디흰 성에서, 우리는
백발의 생애를 읽는다.
풍요롭고 드넓은 고향에서, 우리는
삶을 영위하는 법칙을 깨닫는다.

붉은 단풍

첩첩이 연이어 솟은 푸른 산, 산들의
화살촉 같은 산마루를
뾰족이 깎아놓은 것은 누구일까?
탑처럼 솟아 있는 가파른 절벽에
수사슴, 암사슴의 모습을
새기고 그린 것은 누구일까?
옛날 옛적
감연(敢然)했던 영웅들의 용기가
여기에 응결되어
산들을 이룬 것인가?
다른 사람들에게
본향을 잃지 말기를 바라며
씨족 공동체의 표장으로
증거 삼아 만들어놓은 것인가?
위에서 떨어질 듯
푸르디푸른 색으로
하늘을 색칠해놓은 것은 누구일까?
옆에서 녹으려는 듯
누르디누른 우름으로
세상을 칠해놓은 것은 누구일까?
하늘을 바라볼 때마다
쓰잘데없는 작은 생각을

버리며 살라고
호르마스트 신께서 고안해내신 것일까?
누울 때마다
초유를 그리워하며 살라고
대지의 어머니께서 애쓰신 것일까?
손가락의 수로
이 세상의 수로
아네모네 꽃잎을 만든 것은 누구일까?
손바닥의 문양으로
살아 있는 혈맥으로
붉은 단풍 잎새를 새겨놓은 것은 누구일까?
물로 둘러싸인 다섯 대륙과
식물로 뒤덮인 평화로운 세상에서
대대로 가계를 이으며 행복하게 살라고 기원한 것인가.
대지의 흙을 사랑하는
소망의 불, 붉은 찬드망*은
인간의 심장*을 본뜬 것인가.

* 찬드망: 물방울 세 개가 삼각형 모양을 이룬 형상으로 과거, 현재, 미래 혹은 할아버지, 아버지, 나 등의 발전의 상징. 여기서는 단풍을 비유한 것.
* 심장: 단풍잎의 모양.

완셈베루가 꿈꾸며……

나는
이 여름의 태양과 푸르름
너는
이 산의 꽃과 나뭇잎
나는
십팔 세
너는
십육 세
들쑥 향기가 은은히 피어오르는 작은 동산으로
손에 손을 잡고 날갯짓한다.
여름이
언제나 여름으로 있을 것처럼
백년의 세월이
언제나 이대로 존재할 것처럼
즐거움,
크디큰 행복은
그림 속
이야기같이 그렇게 있었다.
가축의 젖
늘 맡던 익숙한 내음이 나는
아름다운 네 손을 잡는다.
사랑의 온유한 미소를 띤

너의 부드러운 시선에 마음은 순결해진다.

가슴에 가슴을 베고

설풋 잠든 사이

만년설이 덮인 높은 산 봉우리에서

희디흰 완셈베루*가 되어

순간이 아닌 영원의 짝이 된

꿈을 꾸다 깨어나 생각해본다.

녹아드는 감동 속에 우리가

항가이의 완셈베루를 꿈꾼 것인가?

어느 누구의 손에도 닿지 않은 야생화가

우리를 꿈꾼 것인가?

무엇이라 말하기 어렵구나……

* 완셈베루: 높은 산에 쌍으로 피는 들꽃.

육감의 서사시

가을의 보름날 저녁
　　　어두운 산 능선 깊은 곳에서
부드러운 차르길*의 가락이
　　　가벼운 미풍에 날려오는 것을 가만히 엿듣던 나.
태양과 달이 있는 날들의
　　　순환 고리 가운데서
나를 조율하던 가락은
　　　되돌아와 들리지 않는구나.

　　　단 하나의 리듬을 들으려고
　　　　　이곳에 나는 왔다.

전생의 언젠가
　　　기묘한 운명으로 만난
부드럽고도 부드러운 시선을
　　　어느 곳에서나 찾는 나.
지루한 줄 모르는 아름다운 연인의
　　　진실하고 투명한 미소를
예전이나 훗날 언제든
　　　볼 수 없게 될 것을 두려워하는 나.

　　　놀랍도록 순간적인 것을 한 번 보려고

이곳에 나는 왔다.

들쑥과 백리향의 향기에서
　　　후각이 감지하는 은은함
오래되어 녹록한 푸른 집터의
　　　가축들의 냄새가
쇠똥의 푸른 연기와 어우러져
　　　연이어 내게로 날려오는 것을
다시 맡을 내 운명은
　　　어디에 멈추어 있는가.

　　　단 한 번의 부드러운 향기를 위해
　　　이곳에 나는 왔다.

이웃 마을 자그마한 여인의
　　　손수건에 싼 과일을
가늘고 사랑스런 손가락으로
　　　입 속에 굴려넣게 하는 순간
오래도록 입 안에 남아
　　　어금니 사이에서 녹아드는 그 맛이
떨어지고 싶지 않은 만족스러움을
　　　처음 맛보게 한 것이라면

감미로운 한 번의 맛을 위해
　　너희들 가운데 내가 왔었다.

하늘과 땅 사이에 있는
　　생과 고통을 느끼며
가시와 꽃이 있는 세상에
　　떨어져 소리치고 있을 때
요람을 매만지시던 어머니의
　　부드러운 손길과 숨결
작고 어린 내 몸을
　　가슴에 정성스레 보듬어 안으신 것에서

　　감미로운 단 한 번의 촉감을 위해
　　　　아주 오래도록 살고 싶다.

실타래가 풀어져 둥글게 돌아내리는
　　중심축 가운데
정신을 환히 비추는
　　빛 가운데
위대한 지혜의 신의
　　보호 아래

권세 있는 영원한 하늘의
　　가호 속에, 안기고 싶다.
아무도 얻지 못할 영감을 위해
　　몇백 번의 꽃을 피고지게 하고 싶다.

* 차르길: 네모난 나뭇조각을 사방 서너 줄로 연결하여 나무로 쳐서 소리내는 타악기.

감각의 구조

초유처럼 짙은 달빛 속에서
누구와도 생각을 나누고 싶지 않구나.
철 늦은 아네모네의 진한 맛을
혀가 아닌 눈으로 맛보고,
무리에서 떨어져 나간 어린 암노루의 귀로
그림자가 지는 소리를 엿들으리라.
어둠 속에 있는 미소를
코끝으로 보는 흥미로움.
너의 엄지와 검지의 지문을
귓바퀴로 비추어보는 즐거움.
하늘과 땅이 맞닿은 비단 같은 아스라한 지평선의 모습이
선을 긋듯 뚜렷이 응결되어 나타나는 사이
어떤 새로운 냄새를 져나르는 듯
내가 알지 못하는 새가 지저귄다.
초유같이 짙은 달빛 속에서
누구와도 대화를 나누지 않는 내 안의 사람.

나를 그리라

나를 붉은 물감으로 그리려면 그리라.
젊음이 왕성할 때는 여인들이 갈망하고
늙어 죽음으로 향할 때 아이들이 응석을 부리던
앵두빛 붉은 입술, 방황하는 마음에
다른 빛이 끼어들게 하지 말라.
나와 교직(交織)하는 붉은 물감의 흐름
태양의 빛과 색, 불의 혈족
나를 붉은 물감으로 그리려면 그리라!
나를 가축의 젖으로 그리려면 그리라.
젊었을 때는 여인과 함께하는 생명
늙어서는 문지방을 베다가 떠날 영혼.
붓을 의지할 때 내 앞에 펼쳐지는
지혜의 희디흰 초원- 나의 삶.
나를 둘러싼 빛의 세계
태양빛에 보이지 않지만
나를 젖으로 그리려면 그리라!
나를 검댕으로 그리려면 그리라.
한 아름밖에 되지 않는 내 몸의 진실한 추종자가
앞뒤로 천천히 걸어가고 있을 때
그 평안과 무사함에 감사를 드리며
깊은 밤 함께 포옹하고 잠든다.
내 나이를 헤아리는 희미한 존재

이 세상에서 지은 잘못들을 기록하는 자
못난 내 그림자를 검댕으로 그리려면 그리라!
나를 연기로 그리려면 그리라.
기의 몸, 떠다니는 모습으로
태우는 냄새를 먹고 사는 내 영혼의 친구들.
생에 몇 년을 더 감당할 수 있다면
그들과 하고픈 일이 아주 많을 듯싶다.
그 영혼의 세계에 흩어져 색 속에 용해되고픈
어리석은 한 바람이 내게 있다.
하늘 빛깔을 가진 연기로 그리려면 그리라!
나를 흙으로 칠하려면 칠하라.
한 아름밖에 되지 않는 내 몸이 황금이 되기를
살아생전 꿈꾸며 살지 않았다.
언젠가 돌아가 스며들기 쉬운
조국의 흙으로 칠하려면 칠하라.
나를 재로 그리지 말라.
때때로 부는 폭풍에 흩어지는
흰색, 회색빛 몸으로 그리지 말라!
올무에 사로잡힌 백발은
죽음의 법칙을 잘 알지만
나란히 올려다보는 자손들 앞에서
회색의 재로 그리지 말라!

그리지 말라!

꿈꾸는 나무 아래 선잠

산의 따스한 양지 구렁에서 잠시 조는
여덟 가지* 행복이란 무엇인가.
시원한 물가에서 오후를 쉬는
아홉 가지* 즐거움은 어디에 있을까.
용머리 같은 문양의 작은 산
수신(水神)의 눈 같은 샘에서
푸른 비단옷을 입은 누이와 동생의
청금석 같은 푸른 가락이 떠다닌다.
초원의 외로운 작은 천막 같은 나무 아래
암도깨비는 지금까지 머물러 있는가?
정오의 태양을 피해 그늘진 곳을 찾아드는 어떤 이의
발끝을 향해 가만히 기어오르고 있는 것은 아닐까?
솔개의 그림자도 얼씬거리지 않는
오래된 영지의 낡은 가축 우리 아래로
고대, 어떤 비극적인 전설의 주인공들이
지나가는 과객의 안장을 끌어당기는 것은 여전한가?
뒤돌아본 바위 모서리의
튀어나온 검은 악귀는 어디로 갔는가?
차고 기우는 달빛을 피하여
원한에 찬 일을 명상하고 앉았나?
아아, 그들에게도 언젠가 한때
자애롭고 부드러운 마음이 있었다.

자손과 행복을 희구하며
생명의 세상에 흡수되어 살고픈 욕망이 있었다.
세상 유혹과 고통의 그늘이 갑자기 엄습하면서
죄악의 뿌우연 세상에 떠다녔다.
평안한 모든 것을 질시하며,
평안이 머물 운명을 잃어버린 가련한 존재들!
바위마다 주인*이 된 땅이여
관목마다 조상신*이 된 흙이여
    천신, 조상신, 귀신을
    사랑한다, 나는. 모두 한결같이!

---

* 8, 9는 행복과 즐거움의 완전 수를 상징한다.
* 몽골인들의 신화적 사고 속에 바위는 영웅이 태어나는 자궁 또는 영혼의 처소라는 상징적 의미를 갖고 있다.
* 고대 몽골의 장례 풍속에 사람을 묻을 때 그 위에 어떤 표도 하지 않았다. 그러나 시체를 묻은 곳에서 관목이 자라나 죽은 조상의 영이 깃든다고 생각했다.

어머니

이 세상 사람들이 흠모하며 신앙하는
성모 마리아의 사원 노트르담.
모서리의 양쪽 망루에서
북적이는 대도시를 한눈에 내려다볼 수 있다.
안개, 연무, 크고작은 바다 저어편에
나의 고향, 나의 어머니가 계신다.
쇠똥이 든 바구니를 의지하고 앉아 계신 그림을
마음속 깊은 곳에서 꺼내어 본다.
눈을 부시게 할 만한 장식도
분으로 곱게 단장한 얼굴 치장도
어머니에게는 찾아볼 수 없다.
언제나 가축의 젖이 묻어 있는 옷섶, 젖냄새
경사진 지구의 저편에서 어머니의 냄새가 풍겨온다.
내 등 뒤에서 가축의 젖을 뿌려 올리며* 떠나는 나를 축원하고 계신 모습이
공기 속에, 대지에, 사원의 벽에 어른거린다.
내가 적을 이겼다고 기뻐하지만
패배한 자의 뒤에서 눈물을 흘리며 동정하시던 어머니
"그도 사람의 자식이 아니냐"고 말씀하시는
인간적인 마음이 나의 어머니에게 있다.
이웃 마을 철없는 어린아이들부터
이 세상 사람 모두를

차별 없이 동정하며 사시는 나의 어머니를
사람들이 들으면 비웃을지 모른다.
어머니에게 장식이, 분이 없으면 어떤가.
성모 마리아처럼 성당이, 초상이 없으면 어떤가.
나의 어머니는 인류의 어머니인 것을 그 자식은 안다.
그의 인간적인 마음을 내일부터 찾아 달리리.

* 차찰: 천신·지신·산신께 가축의 젖을 위로 뿌려 올리는 감사와 축원의 몽골 생활 의례.

요람

아스라한 신기루를 향해 달리는 짐승떼의 먼지 속에
영양의 새끼가 네 발로 겨우 일어서는 초여름의 아름다운 계절.
큰 바구니에서 자장가를 들으며 아기는 살풋이 잠이 든다.
구덕에 있던 아기가 자라 나이의 축을 따라 이동해간다.
접혀 끝나지 않는 물결치는 얇은 비단 같은 길로
물레받침 같은 네 개의 낙타 발굽이 모래를 차며 걸어간다.
울퉁불퉁한 길, 언덕 봉우리를 헤아리며
"이곳은 어떤 곳이야" 하고 아이는 물으며 간다.
이름 없는 돌, 전설이 없는 돌밭이라고는 없다.
한번 묻기 시작하면 끝이 나거나 끊어지는 법이 없다.
이동의 선두에서 짐을 끄시던 어머니는
세상의 많은 것을 보고, 경험하신 지혜를 가르치며 가신다.
미래에 이 아들은 어떤 사람이 될지 아무도 알지 못한다.
이 세상 어느 곳에 이를지 아무도 모른다.
다만 조국을 위해 몇 번이라도 죽을 준비가 되어 있는
사람이 될 것이라는 것을 말할 수 있을 뿐.

함박눈

나뭇잎 같은 크고 굵은 함박눈이
공작이 날개를 펼치듯 부드럽게 날리는 꿈을 꾸었다.
구름에서 내리는 것이 아니라 하늘에서 내린 것이 아닐까 하며
동화 같은 아름다운 문양을 찬탄했다.
오염된 세상에 이렇게 순결한 것이 있을까.
내리고 내릴 때 발끝의 먼지 위에 내리려는가.
숨에는 더러워지고, 손바닥에는 녹는다.
너의 생애는 왜 이토록 짧은 것이냐.
헤아릴 수도, 맞이할 수도 없다.
비단같이 희디흰 네 몸은 땅 위를 덮는다.
나의 눈꺼풀과 속눈썹에 스며들라 청하리라.
나의 연인의 입술에 스미라고 소원하리라.
시간의 법칙, 성장하고 늙는 계절이 되어
희디흰 진애는 나의 머리 위에 앉아 백발이 되게 하라!
동갑내기 친구들은 뿔뿔이 흩어져버리고
사랑스러움에 겨워 냄새를 맡아주시던 어머니는
저 먼 우주로 떠나가버리셨다.
부동의 먼지가 떠다니기 전에 너에게 나를 한번 온통 덮게 하리라.
나의 아름답고 멋진 모습을 너에게 한번 보이리라.
서늘하고 부드러운 사랑의 이야기꾼, 너에게
나는 속냇말을 하고 싶어하는가 보다!

우리는

천체 가운데 있는 이동민인가, 우리는
서로 다른 혹성의 방랑자인가, 우리는
여러 가지 사고로 영원의 평안에서 추방당하고
온 것인가 하는 사람들도 있을 것이다.
염라대왕의 지옥에서 징벌을 피해
나온 것인가 하는 사람도 있을 것이다.
아주 오랜 옛날 전생에 닭 또는 개로 살거나
아니면 수신, 천신으로 살았을지도 모른다.
꽃이, 나무가, 바위가 변한
지혜로운 자, 어리석은 자, 용기 있는 자
단 사탕수수 같은, 짠 소금 같은
매운 고추 같은, 탄 것 같은 사람이 있을 것이다.
서로 다른 성격의 사람들이 세상을 이루고
천성이 못난 우리는 이곳에서 운명을 매듭짓는다.
천체의 역참 길로 가다가
여러 해 길을 잃지나 않을까, 우리는

천국보다 지옥에 이르는 것이 가깝고

천국보다 지옥에 이르는 것이 가깝고
위로 오르는 것보다 아래로 떨어지는 것이 쉽다.
선을 이루는 것은 죽은 것을 되살리는 것만큼 어렵고
악을 행하는 것은 살아 있는 것을 죽이는 것처럼 쉽다.
내세와 전생이라는 것이 없다 한 이상
두 번 사는 것이 아니라고 하여 미친 것은 아닐 것이다.
편한 것을 생각하고 어리석음을 행하며
생애를 낭비할 수 있는 세상이다.
염라대왕이 있는 지옥의 보이지 않는 신화를 믿지 않고
밝은 지성을 가진 자라고 하기는 어렵다.
저녁의 바람을 맛보지도, 알지도 못하고
자신의 아이들을 죽도록 두려워하며 살아간다.
젖 같은 순수한 마음과 신앙심은
사원의 황금 첨탑에 쌓인 작은 먼지 위에 누워 있다.
천국보다 지옥에 이르는 것이 가깝지 않은가.
위로 힘써 오르는 것보다 아래로 떨어지는 것이 쉽지 않은가!

변신

축생이 인간으로 변신하는 일은
생명이 있는 이 세상에 얼마나 많은가?
아담의 후예가 동물이 되어 변신하는 것은
손바닥을 뒤집듯 그렇게 쉬운 일
독주에 취해 표범이 되어 으르렁거리는 것은
짐승의 성질을 드러내며 사는 그것이다.
맛을 탐미하여 솔개가 되어 공중을 맴도는 것은
탐욕과 간교함을 보여주고 있는 그것이다.
여우의 꾀로 다른 이를 속일 생각을 가지고
소의 고집으로 그릇되게 애쓴 지도 오래되었다.
중상과 송사에 있어 인간은 까치보다 무엇이 부족할까.
탐욕에 빠질 때에 이리보다 무엇이 뒤질까.
양처럼 온순하다는 것은 인간 같다는 말
큰 까마귀가 되어 눈을 쪼는 것을 그만두지 않는다.
욕정의 올무에 걸려 닭처럼 살아가는 사람들이 있다.
방탕의 힘에 끌려 개처럼 지쳐 살아가는 사람들이 있다.
감추어진 죄된 마음은 잠시 동안 나를
못된 짐승으로 만들어 그 행위를 보게 한다.
동물이 인간이 되는 일은 없지만
살아 있는 인간이 짐승으로 변모하는 일은 무수하다.

자유

범람한 강을 맨발로 건너고
소가 있는 우리에서 홀로 잠자며,
밤낮의 시간을 잊은 채
외로운 홀씨처럼 떠돌고 싶다!
꽃과 나뭇잎의 진한 향기에 잠들 만큼 취하고
맑은 저녁 공기에 마음은 관대하고 새로워지리.
달이 밝은 밤에 목청껏 노래하며,
그리워하고 초조해하는 일 없이 떠돌아다니고 싶다!
죽어 잠시 험준한 바위에서 길을 잃은 이들의 불쌍한 영혼
가는 길에 생자의 이름을 부른다면 부르게 하라.
생명의 세상에서 분노로 공격하는 어떤 이보다
조금 더 자애로운 마음으로 산다면 어떠한가.

신과 악마

신과 악마는 한 배에서 놀고
덕과 죄는 한 색깔 속에 어울려 있으며,
더러움과 순수함은 하나의 물방울 속에 돌고
물감과 그리는 것을 누구도 구별하지 않고 있을 때
검은 것을 누가 검다 하며 칠한 것인가?
어둠을 누가 밤이라고 정한 것인가?
별들을 누가 멀다고 생각한 것일까?
우주를 누가 끝이 없다고 인식한 것일까?
검은 것을 만약 희다고 이름한다면
어둠도 밝은 낮이라 한다면
별을 인간 눈이라 생각한다면
우주를 인간은 광막하다고 할 수 있을까?
바윗돌이 언젠가 동물로 살았었다면
고라니, 사슴이 그때에 인간이었다면
얼룩진 발자취로 생명을 끊어버리고 남는
짐승의 고통이라는 것은 거기 존재하지 않을 것이다.
내가 밟은 알은 내 자식의 자식이었다.
내가 놀라게 한 야생 동물은 나의 어머니의 어머니였다.
내가 위협했던 이리는 나의 아버지의 할아버지였었다.
알지 못하는 힘으로 한때 죄를 짓는 것을 기뻐하며 살았었다.
수포가 생긴 손가락은 무엇에도 가까이 댈 수 없지만,
꽃의 고뇌를 언제 한번쯤 생각했던가.

단 한 번 손가락을 튕기는 사이 무슨 일이 생길지 모르는 것은
미친 세상의 야만적인 즐거움인가.
내려앉는 작은 먼지를 얻지 못하는 출렁이는 바다의 배꼽에
신과 악마가 함께 힘을 합해 만든 땅에
정신이 혼란한 몇 명의 여행객이 살 터를 닦은 것인가.
터 잡고 살고 있는 우리의 삶이란 이런 것인가.

비밀스런 삶의 법칙

어두워져가는 저녁, 먼 곳에서 외로운 불빛이 반짝거린다.
새벽녘, 줄에 묶인 한 마리 숫양이 운다.
보고 듣는 짧은 순간에
죽고 사는 것의 믿음과 절망이 교차한다.
남루한 델*을 입고 부대를 진 사람의 모습이
피곤에 지쳐 능선 길을 더듬는다.
어떤 이의 자식이 지쳐서 가고 있나 하고 생각하자
등골에서 식은땀이 배어나온다.
옛 집터, 빈 건물을 킁킁 냄새 맡으며,
꺾어진 듯한 귀를 한 누런 암캐가 다가온다.
무리에서 떨어져 나간 암캐의 뼈를 원하는 눈에
불행한 어떤 이의 길 잃은 영혼이 어른거린다.
혹시 가엾은 그 영혼이…… 아니로구나.
(관세음보살, 옴 마니 반메 훔)
살아 있는 동물이 내 손을 갈망하며 응시할 때
그 입 속에 던져넣을 것을 나도 모르게 찾는다.
전생에 내 어머니, 내 자식으로 살지 않았을까?
관계를 따라 올라가보면 아주 옛날 절친했던 친구가 아니었을까?
말할 수 없는 감추어진 법칙이라는 것이 있다……

* 델: 몽골 전통 의상.

손금이 보일 만큼의 작은 빛

손금이 보일 만큼의 작은 빛에
태초의 날 어떤 색깔을 가지고 세상은 시작되었을까
헤아릴 수 없는 오랜 세월의 그때로 되돌아가보고 싶다는
철없는 바람은 어른이 될 때까지 마음에 고통을 준다.
큰비가 온 뒤 범람한 물이 줄어든 강의
무성했던 녹색의 강가가 낮아지고 검어지는 것을 바라보며
이렇게 산과 물이 생긴 것일까 하고
젊은 객기로 생각해본다.
이 지구 아래로 몇백 개의 뿌리가 땅을 뚫고 뻗은
외벽진 곳의 한 그루 나무처럼 지칠 줄 모르고 자라나는 것이
또 있을까?
볏이 될 때까지 새의 똥과 주렁거리는 검불이 붙은
길의 단 하나 기념비처럼 쓸쓸해하지 않는 파수꾼이 있을까?
쓰라린 아픔을 경험하는 마음은 우리를 괴롭게 한다.
한 번 산다는 것은 얼마나 어려운 일인가?
연속되는 힘든 길에서 누가 잠시라도 벗어났던가?
오, 우리 인간들…… 우리는 얼마나 미숙한 존재인가.
오늘의 이 모습으로 살아가다 보이지 않게 될 때
죽고 묻힌다는 것은 사라져버리는 것이라는 사실을 안다.
모습을 바꾸고 다시 이 세상에서 힘들게 살아갈 것인가?

이스. 돌람 С. Дулам

1

세덴짜빙 돌람은 1950년 5월 14일 바양헝거르 아이막 바양볼륵 솜의 '부랭'이라는 곳에서 태어났다. 1958~1962년 바양볼륵 솜의 초등학교, 1962~1968년 바이드라의 10학년 중학교에서 수학하고 졸업했다. 1968~1973년 몽골 국립대학에서 공부하고 '몽골어-문학 교사' 자격을 얻었으며, 1973년부터 지금까지 몽골 국립대학 교수로 재직하고 있으며, 몽골 유목문화연구소 소장직을 역임하고 있다.

1982년 모스크바(과학아카데미 동양연구소)에서 '몽골 신화론의 형상, 문학의 전통'이라는 주제로 어문학 박사 학위를 받았다. 1985~1987년 프랑스 파리 동양어문화대학교에 몽골어, 문화 교수로 초빙되어 교환 교수로 재직했다. 파리의 제10대학, 스트라스부르 대학, 독일 본 대학, 영국 케임브리지 대학에서 각각 초청 강연을 했다.

'몽골 신화론' '상징론' '무속' 등의 주제를 중심으로 연구 활동을 했으며, 특별히 '상징론'의 주제로 1999년부터 해마다 한 권씩 네 권의 저서를 출판하였으며, 이들 저서는 중국(내몽골)에서 몽골 비칙(몽골 전통 문자)으로도 출판되었다. 『몽골의 신화론』(1989), 『다르항의 무속』(1992) 등 10권 이상의 저서, 교과서, 70개가량의 학술 논문을 출판하였으며, 국내외의 학술 세미나에 20회 이상 논문을 발표하였다.

이스. 돌람은 1970년부터 시 창작을 시작하였으며 『에델바이스』(1978), 『날개가 자라는 나이』(1983), 『차가운 샘』(1985), 『하늘의 구름』(1988), 『자딩 출로』(1989), 『꿈의 신호』(1999), 『깨달음, 서정』『몽골 문학 선집』(연속간행물 108권 중 94권, 2003) 등의 시집을 저술, 출판하였다. 그의 시 작품은 러시아어, 영어, 독일어, 한국어, 야쿠트어로 번역되어 출판되었으며, 그 가운데 몇 작품은 독일의 저명한 시 잡지 『게이트』에 게재되기도 했다.

몽골 시는 한때 인도, 티베트 시의 전통에 깊이 영향을 받았던 때가 있었으며, 후에 유럽, 러시아 시의 영향을 상당히 받았다. 이스. 돌람은 민족 고유의 정서가 결핍되고 사라져가는 것을 안타깝게 생각하여, 몽골인들의 고대 문화, 신화론, 무속, 상징론의 정서를 시 속에 흡수, 용해시켜 민족의 원형적 심성을 담은 시 창작에 주력하였다. "옛것이지만 새로운" 몽골 시를 쓰는 것이 그의 창작의 주된 추구 목표이며, 이것으로 어떤 민족과도 구별되는 몽골 고유의 특성을 가진 시가 되게 하고 싶다는 의욕으로 부단히 노력하고 있다.

2

돌람은 인간 삶의 시작을 어머니, 고향 그리고 조국으로 보았으며, 그의 어느 시에서나 이러한 정조가 기저에 깔려 있다. 광활한 초원 속에서 유목 생활을 하며 살아가는 몽골인들은 고향의 자연을 어머니의 따스한 품과 같은 것으로 느끼며, 자연 속에서 일상적으로 살아가는 것을 자연의 순리를 따라 사랑을 이루어가는 삶의 길과 같은 것으로 본다.

「만추」「이동민을 위한 차」는 초원 생활의 한 단면을 보여주는 시로, 한두 집이 거리를 두고 사는 외로운 초원 생활의 가을밤은 어느 때보다 인간을 그리워하는 마음을 더욱 간절히하는데 이러한 정서를 「만추」에서 느낄 수 있다. 「이동민을 위한 차」는 유목 생활의 한 풍습을 보여주는 시로, 이동하는 사람들이 멀리서 보이면 집 안주인은 반드시 이동하는 사람들을 위해 새 차를 끓여 대접하는 따뜻한 풍속을 묘사하고 있다. 만약 있던 차를 데워주면 이동하는 사람들이 새 영지에서 오래 지내지 못하게 된다는 속신이 있다. 「요람」에서는 여름 영지로 이동하는 과정을 한 아이가 성장하는 과정으로 비유하고, 그 속에 지혜로운 어머니에 대한 심상을 클로즈업시켜 조국애로 발전시키고 있다.

모든 시인의 시에 빠짐없이 등장하는 소재는 고향의 자연, 어머니 그리고 조국이다. 「어머니」는 시인이 프랑스에서 교환 교수로 있을 때 어머니와 고향을 그리워하며 쓴 시이다. 비록 장식이 없는 소박한 시골 아낙네이지만 동정적인 마음을 가진 사려 깊은 어머니에 대한 애정을 마음속에 간직한 그림으로 표현하고, 어머니를 인류의 어머니로 확대시킴으로써 어머니에 대한 사랑과 존경심을 극대화시키고 있다. 그의 시에서 현명하고 자애로운 어머니의 품에서 자라난 아이는 성장하면서 늘 조국을 생각하는 존재로 묘사되는데, 이것은 시인의 삶 자체를 보여주는 것이기도 하다.

몽골인들은 말에 대한 특별한 애정과 신앙심을 갖고 있는데, 「경주마의 눈」은 온 힘을 다해 달리는 것을 본능으로 갖고 있는 말의 정기와 그 신비함을 눈 속에 집약하고, 말의 눈 속의 정기는 그 눈을 바라보는 인간에게 새로운 기운을 가져다 줌으로써 어떤 힘든 일도 성취할 수 있게 된다는 인간과 말의 교감을 노래하고 있다. 몽골의 '히모리хийморь'라는 단어는 '기(氣)'와 '말'의 합성어로 '생기' '행운' '기백' 등을 의미하는데, 위의 시는 이러한 '히모리'를 주제로 하는 시라 할 수 있다.

「노래하는 고향」은 고향의 사막 지역의 아름다움을 국토애, 조국애로 승화시킨 시이며, 「맑고 푸른 하늘」은 드넓은 초원과 맑은 강, 푸른 하늘 속에서 살아가는 몽골인들의 자연으로부터 배우는 삶의 지혜를 노래하고 있다. 「푸른 하늘」에서는 몽골의 지고신인 '멍흐 허흐 텡게르мөнх хөх тэнгэр', 즉 '영원히 푸른 하늘(신)'의 가호 속에서 평화롭게 살아가려는 바람을 어린아이의 순수한 꿈에 융해시켜 노래하고 있다. 「무늬」에서는 자연현상과 고향의 자연물을 모두 무늬로 비유하고, 이러한 자연의 무늬를 '조국과 평화'로 묶어 시인의 궁극적인 관심을 드러내고 있다. 또 이러한 무늬를 어떠한 외적 상황에도 흔들리지 않는 자신만의 무늬, 너와 나 속의 진실의 무늬, 더 나아가 미래의 무늬로 확대시켜 자존과 조화를 바탕으로 하는 미래 지향적인 세계관을 보여준다.

「붉은 단풍」은 가을에 바위가 우뚝 솟은 먼 산의 모습을 바라보며, 바위에 그려진 사슴 그림을 통해 조상을 생각하고, 가을의 푸른 하늘과 누렇게 변한 초원을 바라보며 그곳에 신의 오묘한 뜻이 들어 있음을 묘사하고 있다. 시각이 좁혀지면서 꽃잎에 인류가 모이고 다시 붉은 단풍잎에 초점이 이르면서, 단풍 잎맥을 살아 있는 인간의 혈관으로 활유화시키고 그 안에 인간이 소망하는 사랑과 행복을 흡수시켜 표현하고 있다. 다시 말해 천신·지신·조상신의 가호 속에 살아가는 인간 세상을 하나의 공동체로 묶고, 그 안에서 살아가는 인간과 자연물 모두를 평화를 지향하며 사는 사랑의 화신으로 묘사하고 있다. 돌람 시의 표현법은 원시에서 근시, 또 근시에서 원시로 하는 확대, 축소시키는 다양한 원근법을 사용함으로써 주제 표현의 효과를 극대화시키는 특징을 지니는데, 이 시에 이러한 특징이 잘 나타나 있다.

그의 시에는 특이하게 예민한 감각을 소재로 한 시들이 있다. 이러한 시에는 감각을 통해 세계를 받아들이는 시인의 섬세한 감수성과 창조성이 생에 대한 긍정과 애정으로 변형되어 나타나는데, 「육감의 서사시」「감각의 구조」가 이러한 예에 속하는 시들이다. 「육감의 서사시」에서는 오감을 통해 세계 속에서 인간 존재와의 진정한 만남을 추구하고, 하늘(천신)의 무한한 세계에 대한 영감과 통하는 육감을 희구하는 시적 자아의 심정을 묘사하고 있다.

그의 시는 어머니 대지와 아버지 하늘, 그 가운데 있는 자연과 초원 위에 인간 생활을 주제로 한 것들뿐 아니라 전통 신앙인 무속 및 불교, 도교 등의 종교 사상적 관념이 짙게 깔려 있다. 또한 존재하는 세계에 대한 원초적 심상, 신화적 사유를 배경으로 철학적이고 존재론적인 시세계를 보여준다. 일반적으로 그의 시는 어렵다고 말하지만, 관심을 갖고 조금만 다가서면 그 안에 시인이 끈질기게 추구해온 차별 없는 인간성 회복, 해체되지 않은 인간 존재에 대한 심상이 함축적인 시어 안에 아름답게 배어 있음을 느낄 수 있다.

「완셈베루가 꿈꾸며……」에서는 자연과 분리되지 않은 인간 본질에 대한 구경(究竟)이 도교적인 색채를 바탕으로 그려지고 있으며,「꿈꾸는 나무 아래 선잠」은 무속적 심상을 인간주의적인 입장에서 조화시킨 시이다. 시인은 시 속에, 원망을 품고 죽은 원혼에 대한 무차별한 동정과 이해받은 영혼이 평안히 안식하기를 기원하는 마음을 담고 있다.

「자유」에서는 자연 속에서 어떠한 외적 사물에도 구애받지 않는 자유인으로 살고 싶어하는 시적 화자의 욕구를 노래하고 있다. 또 죽은 자의 영혼이 인간 세계에 대한 집착의 끈을 버리지 못하고 방황하는 것에 대한 연민을 교차시켜, 보이지 않는 모든 억압된 존재를 이해하고 받아들일 수 있는 편견 없는 내적 자유에 대한 추구를 동시에 그리고 있다.「나를 그리라」에서 시인은 죽음과 삶에 대한 경계를 없애고 집착 없는 삶을 추구하는 모습을 보여준다. 그러면서 후손에 대한 책임의식으로 삶과 죽음의 세계를 의미롭게 연결시키고자 하는 강한 의지를 그리고 있다.

「천국보다 지옥에 이르는 것이 가깝고」에서는 사회주의 시대의, 존재하는 것만 존재한다는 유물론적 세계관에 대한 비판이 반영되어 있으며,「변신」은 불교적인 윤회 사상을 바탕으로 탐욕스러운 인간 존재에 대한 비판을 주제로 하고 있다.「신과 악마」에서는 불교적인 이원론을 지양(止揚)하고 편견 없는 존재의 전체성 회복과 생명에 대한 사랑을 주제로 하면서, 편견과 이기적인 삶에 익숙해 있는 인간들에 대한 비판의 목소리를 담고 있다.「비밀스런 삶의 법칙」에서는 존재에 대한 뜨거운 동정심을 바탕으로 '나와 너' '나와 그'는 현상적인 한순간의 개별적 실체에 지나지 않으며, '존재 모두는 한 몸'이라는 철학적 관념을 흡수시켜 표현하고 있다.「손금이 보일 만큼의 작은 빛」에서는 신화적인 세계에 대한 호기심과 원초적 세계에 대한 추구, 현상 세계 속에서 힘들게 살아가는 인간에 대한 연민, 무한 우주 속에 용해되어 번민의 삶을 마치기를 원하는 시인의 바람이 표백되어 있다.

데·체데브

아침 일찍 게르가 보이지 않을 정도로
드넓은 고비의 집
야생마의 먼지
고비의 모래
가을의 서늘함이 산에서
산비탈에서
봄눈
아네모네
죄 없이 밟힌 마음
아침
날개를 주세요
노래로 만나리
나의 시
불과 물
흐르는 물의 노래
바다
삶
어머니
사랑
아, 단 한마디 당신의 말
식물이 자라는 것은
너의 눈물
어제 저녁 붉게 노을졌던 태양
어머니 자연이여

아침 일찍 게르가 보이지 않을 정도로

아침 일찍 게르가 보이지 않을 정도로
    안개가 자욱이 낀 것을 보고
오늘 해를 보지 못할 거라고 걱정하지 말라.
정오가 가까워지면서 해가 빛을 뿌리며 환해져
    짙은 안개를 흩어지게 할 수 있다.
정오에 모래 언덕과 하늘이 맑게 빛나며
    대지의 얼굴을 씻을 수도 있다.
늘 딸랑거리는 은방울 같은 행복의
    새가 찬가를 시작할 수도 있다.
아침 일찍 게르가 보이지 않을 정도로
    안개가 뒤덮인 것을 보고
오늘 해를 보지 못할 거라고 걱정하지 말라.

드넓은 고비의 집

먼 여행길에서 피곤에 지친 나는 한 잔의 차를 갈망하며
멀고 광활한 고비의 집을 보석 찾듯 살피며 갔다.
한참을 헤매다 어느 집을 찾아갔을 때
게르문이 자물쇠로 채워져 있지 않았다.
주인 목자는
      먼 초지에 가축떼를 방목하러 갔다.
다섯 한*의 게르 안에는 가구며 그릇이 제대로 갖추어져 있다.
원하는 어떤 이를 위해 준비해놓은 차가 아직도 뜨겁다.
갈증으로 찾아온 어느 누군가가 차를 마시고 갔다면
집주인이 기뻐하는 고대의 풍습을 나는 안다.
태양과 바람이 스며든 육포로
      체력을 보충하고 떠난 이가 있다면
생애의 한 일을 이루었다고 자랑하는
      소중한 풍습을 나는 안다.
진한 향기가 나는 차로 갈증을 풀고
의심 없는 믿음의 깊이에서, 나는
      마음의 갈증을 풀었다.
펠트 게르의 문은 자물쇠가 채워지지 않은 채
믿음을 잃지 않은 주인이
      가축떼의 초지에서 돌아오기를 기다리는 모습으로 남아
있었다.
우리의 광활한 고향을 찾으면

당신은 잘 안다, 괜찮다는 것을!
'사구가 펼쳐진 고비, 몽골인의 마음에
인색의 자물쇠가 없다'

* 한: 게르의 벽을 이르는 것으로 게르의 공간 크기를 나타내는 단위.

야생마의 먼지

보이는 것이란 아무것도 없는 먼 곳에서
야생마 무리가 뚝 떨어져 서둘러 간다.
수를 헤아리지 못하고 있을 때
요란한 말발굽이 일으키는 먼지가 남았다.

넓고 평온한 고비의 말들
바람같이 휘파람 소리를 내는 꼬리에
먼지가 쌓이지 않는다고 한다.
야생마가 일으킨 먼지 속에 들어간
경주마의 근육은 단단해진다고 한다.
잘못된 생각은 아닐 것이다.
멀어져가는 소리에
뒤처지지 않으려는 듯
먼 곳을 달리는 말의 힘줄이 펴진다.

작열하는 고비의 말들
숨을 한번 크게 내쉬며 달릴 때
빛의 속도를 가진다고 한다.
빛의 먼지 속에 뛰어든
남자의 기백을 일깨운다고 한다.
잘못된 생각은 아닐 것이다.
평화롭고 아름다운 고비의 경계를 보며

태양 말의 속도를 시험하리라
먼 마음의 나래를 펼친다.

평화로운 초원의 색조가
약해지지 않은 것처럼
넓고 평온한 고비는
안개가 끼기 시작하면서
먼 지평선을
야생마는 뚫고 들어가지 못한 것 같다.
바람도, 먼지도 없이
청명해지기 시작하면서
가벼운 말발굽 소리가
귓불을 요란하게 울린다.
막을 치며 일제히 일어난 먼지가
내 눈에 떨어지고 있다.

고비의 모래

손바닥에서
황금빛 모래는
　　가장 순수한 것이 된다.
순풍의 바람결로,
열 개의 손가락 사이로
　　흐르고 있다.
인적이 없는 고비 땅에서
내가 어머니로부터 떨어져 배꼽을 잘린 것은 진실!
모래알 하나하나에
내 일상적인 삶이 흡수되어 있는 것은 진실!
나비의 날개처럼
　　많은 가지가 있는 내 손바닥의 문양을
모래에서
　　처음으로 보았다, 나는!
새끼손가락만큼
아주 작은 내 다리의 모습을
습기를 물고 있는 모래에서
처음 보았다, 나는!
'A' 글자를 보고 그것이 무엇인지 몰랐을 때
처음 읽은 책의 페이지는
어쩔 수 없이
　　모래밭이었다.

풀을 뜯으러 간 가축떼가
어느 쪽으로 몰려가 풀을 뜯었는지
    모래는 안다.
야생 낙타, 야생마의 떼가
어디로 먼지를 날리며 지나갔는지
    모래는 말한다.
열까지도 수를 모르던 때
처음 알게 된 '시간'은
어쩔 수 없이
    모래밭이었다.
거울같이 고르고 평평한 모래 위에
살림살이를 그리고
문미(門楣)와 화로를 놓는 점에
하얀 데르스 풀을 꽂아놓았다.
떨어진 그늘로
시간의 방향자를 삼아
붉은 태양의 반사를
    실수 없이 알았다.
작열하는 뜨거움에 타지 않는
    사구(砂丘)의 모래
먼 태양의 어느 시간 속에 들어간
평화의 영원한 움직임

엄동설한에 얼지 않는
　　사구의 모래
모래가 무너져 내리기 시작하면
작은 도마뱀을 이기지 못하는 부드러움.
모래가 층져가기 시작하면
안장 깔개를 얹은 낙타에도 꺼지지 않는 단단함.
모래에
물이 고이지 않는 것은 확실하지만
모래 아래 물줄기가
　　넘쳐흐르고 있다.
거센 발굽으로 땅을 차
야생마도 찾는
　　수맥이 숨어 있다.
모래에
기름이 여과되지 않는 것은 분명하지만
모래 아래 기름의 흐름이
　　흘러넘치고 있다.
쇠파이프로 빨아올려지는
땅속 기름샘이 숨어 있다.
모래를 씻어내면
　　황금이 남아 반짝인다.
모래를 걸러내면

　　　　터키석이 무지개빛을 내며 반짝인다.
모래가 없다면
줄지은 건물이
　　하나로 부족하다는 것은 진실!
모래가 없다면
고향은
　　하나로 부족하다는 것은 진실!
손바닥에서
쏟아져 내리는 모래알이
드넓은 내 고향의
따스한 품으로 흩날린다.
내 마음의
뜨거운 심연 속으로 날아든다.

가을의 서늘함이 산에서

가을의 서늘함이 산에서 내린다.
아침에 일어나면 은빛 서리가 내려 있고
허기진 바람은 구릿빛 나뭇잎을 떨어뜨린다.
높은 하늘에 두루미떼가 소리를 치며
가을의 서늘함이 산에서 내린다.

산에서 내린 가을의 서늘함이
광활한 초원, 넓은 산자락으로 미끄러져 내린다.
엄동설한 겨울의 사신이 되어 인사하고
소리도 없이 용해되어 사라진다.
그래도 추운 겨울은 산에서!

봄의 따스함은 초원에서 내린다.
어느 먼 곳 물이 푸른 연무로 피어오르고
뜨거운 바람 끝에 신기루 같은 호수가 넘칠 듯 출렁인다.
스카프 같은 푸른 하늘에 떼지은 오리들이 울면서
봄의 따스함이 초원에서 내린다.

초원에서 내린 봄의 따스함이
드넓은 항가이를 향해 기어오른다.
뜨거운 여름의 사신이 되어 인사하고
되찾을 자취도 없이 스며들어 사라진다.

그래도 뜨거운 여름은 초원에서!

산비탈에서

오르고 또 올라 나는
바위가 우뚝 솟은 남쪽 산비탈을 밟았다.
호흡을 가다듬으며
주변 풍경을 둘러본다.

발끝 앞쪽으로
반짝이는 흰 눈
흠없이 매끄러운 얼음

저 어편
하늘을 찌르는 산봉우리에
서늘한 바람이 불고, 추위가 웅크리고 있다.
마음속 깊은 곳에는 겨울의 호흡

발끝 아래쪽으로
새파란 나뭇잎
청금석의 색으로, 형형색색으로 피는 꽃들

저 어편
평화롭고 드넓은 초원이 시작된 산자락에는
따스함이 소리치고, 더위가 숨어들어 있다.
가슴속 깊은 곳에는 여름의 호흡

계절의 양극이
산비탈에 나란히 있었다.
그늘과 빛이 함께 공존하며
한 몸으로 짜인 빛깔이 쌓여 있었다.

겨울과 여름을 동시에 인식하며
풍요롭게 살아가는 만족함을
다양한 빛깔을 지닌 고향의 산은
자손들에게 일깨워주었다.

춥고 더운 것을 함께 이기며
인내력으로 살아가는 의연함을
소망의 찬드망 산은
메아리 소리로 다시금 일깨워주었다.

호흡을 가다듬는 동안
상념의 새가 남쪽 산비탈을 난다.
손바닥만한 작은 종이에
시상이 되어 맴돌아 내린다.

봄눈

색은 푸른 하늘 아래 끝도 없이 멀어지고
풀은 황금빛 머리를 흔들며 밝아져가고 있었다.
바라보는 눈은 이제 검은 대지를 좇는다.
한쪽으로 기울어진 풀은
부채 같은 바람에 가볍게 흔들리고 있다.
봄눈은
어느 곳에 내렸나.
구름 없이 푸른 하늘로 날아갔나?
뿌리로 틈도 없는 땅을 뚫고 들어갔나?
새털구름이
맑고 시원한 바람결로
이리저리 움직여 가고 있을 때
봄눈은
천신께 수증기가 되어 날아간 것일까?
강가나 들녘
숲이나 습지의
발 아래서 부드럽게 흔들리고 있다.
녹은 눈은
단단한 땅에 물이 되어 스며들어간 것일까?
높은 하늘
넓은 초원에서
값진 비가 끊임없이 내린다.

봄눈이
어느 먼- 창공 깊은 곳에서
물방울이 되어 쏟아져 내리는 것을 본다, 나는.
땅 깊은 곳에서
다리를 뻗치는
푸른 식물은 눈을 뜬다.
봄눈이
어느 먼- 땅 깊은 곳에서
식물이 되어 뚫고 나오고 있는 것을 본다.

아네모네

드넓은 초원의 푸른 아네모네
꽃잎이 눈을 뜰 때에
가느다란 꽃술- 속눈썹을 펼치며
태양 아래서 미소짓는다.

아홉 달을 자고 나서 맞은 봄
세상 순리대로 잠에서 깨어나
부드러운 눈으로 웃음짓고 있다며
내 마음에 피어오른다.

죄 없이 밟힌 마음

어머니 대지의 초유를 먹고,
아버지 하늘의 따스한 사랑을 받으며 자란
사랑스럽고 아름다운 꽃은
뭇 시선을 끌며 몸을 일으켜,
가늘고 부드러운 가지 위에서 흔들리고 있었다.

만난 모든 이의 가슴을 부드럽게 하는,
연한 꽃의 바스러질 듯한 꽃잎을
거센 발굽이 스쳐 밟고 지나가
하늘 아래 아물지 않는 자취를 남겼다.
순수한 내 마음은 사나운 너의 발에
그렇게 죄 없이 밟혀버렸다.

아침

깊은 잠에서 넓고 평화로운 초원- 소녀가 깨어나지 못하고 있었다.
    이슬의 눈물이
            꽃잎의 속눈썹에서 반짝이고 있었다.
    투명한 태양이 솟아오르며
            소녀의 얼굴을 빛으로 조용히 어루만졌다.
    빛의 손바닥으로 눈물을 남몰래 닦아준다.

날개를 주세요

나는 소망한다 '제발 날개를 주세요'
일흔 개의 고개를
넘어 날아갈 때
두 날개는 내게 힘을 준다.
'날개를 달라' 요구하는 이유는 이것!

나는 부탁한다 '제발 날개를 주지 말아요'
일흔 개의 골짜기를
넘고넘어 걸어갈 때
날개는 내게 방해가 된다.
'날개를 주지 말라' 청하는 이유는 이것!

노래로 만나리

아버지가 좋아하시던 아름다운 장가*를
내 연인아, 멋지게 불러다오.

말을 잡는 장대 끝을 말갈기에 닿게 하시고
서정적인 가락을 흥얼거리며 살아가신 아버지와 함께
부드러운 마음을 가진 자식은 노래로 한 번 만나리.

아버지가 좋아하시던 아름다운 장가를
내 연인아, 멋지게 불러다오.

어머니가 좋아하시던 아름다운 민요를
사랑스런 네가 가락에 맞추어 불러다오.

바늘로 열심히 수를 놓아 집 안을 빛나게 하시고
감상적인 가락을 흥얼거리며 살아가신 어머니와 함께
부드러운 마음을 가진 자식은 노래로 한 번 만나리.

어머니가 좋아하시던 아름다운 민요를
사랑스런 네가 가락에 맞추어 불러다오.

* 장가: 몽골 민요의 한 종류.

나의 시

어떤 한 비평가가 '삶에서 동떨어져 있다'고
발표한, 내 시보다
      다섯 배나 되는 많은 분량의 비평을 썼다.
다시 책을 준비하며
      문체를 고치자 생각했을 때
'삶의 모사(模寫)'라는
      다른 한 흠을 찾아냈다.
어떻게 고칠까
      하루 종일, 밤새 생각하고 또 생각하고 나서
원래 모습 그대로
      두라고 나는 내 마음에 속삭였다.

불과 물

불은 위로 향하기를 애쓰므로
물은 아래로 향하기를 애쓰므로
불과 물을 모순된 것이라고 하는가, 너는?

불을 물이 끄기 때문에
물을 불로 끓어넘치게 하기 때문에
물과 불을 대립적인 것이라고 하는가, 너는?

타오르는 화염 속에서 물방울을 찾아보고
끓고 있는 물 속에서 불꽃을 찾아보면서
불과 물을 모순된 것이라고 하는 것에 회의한다, 나는!

불의 뜨거움이 없다면 생명이 어디에 존재하며
물의 액체가 없다면 생은 어디에 있을까
불과 물의 공존 속에 살아가는 것을 깨닫는다, 나는!

흐르는 물의 노래

자신의 땅에서 강물이 되어
뿌리에 물을 먹이며 흐른다.
드넓은 창공에 구름이 비가 되어
가지와 꽃잎을 보살피며 이동한다.

　　난- 흐르는 물!

쓸쓸함과 기쁨을 깊은 심연에 담고
빛과 그림자를 물결 위에 띄운다.
먼지로 덮인 세상, 주름진 습곡의
얼룩진 것을 닦으며 물결친다.

　　난- 흐르는 물!

지성 있는 인간의 뛰는 심장을 돌보며
온몸으로 교직하며 흐른다.
부드러운 세상의 고동치는 혈맥이 되고,
얼음이 꽁꽁 얼어붙을 만한 추위에도
얼지 않는 물이 되어 반짝이며 출렁인다.

　　난- 흐르는 물!

바다

그렇게까지 커다란 흔들림으로 포말을 일으켰는가
바다의 크고 넓은 가슴이 불룩거리며 움직인다.
두 팔을 펼쳐 주름져 올라갔다 꺼지며 끊임없이 물결치며
작은 나를 안고 함성을 지른다.

먼 고대의 깊고 많은 물은
대지의 청금석 같은 푸르름으로 휘돈다.
때로는 나뭇잎 같은 황금빛으로 바뀌고
때로는 바다의 심연처럼 푸르게 변한다.

회색빛 바다는 나의 가슴에서 모이고
분노와 초조한 마음을 바다 속 깊은 곳에 가라앉힌다.
장애를 넘어 목적의 고삐를 들어올리고,
약해질 수 없는 먼 곳을 향해 아우성친다.

삶

삶에는 짙고 쓴 맛이 있다.
그것을 맛보지 않았다면
너는 이 세상 꿀맛을
진실되게 평가할 수 없을 것이다.

삶에는 꿀과 사탕수수의 맛이 있다.
그것을 맛보지 않았다면
너는 의심의 독을 품은 마음과
순결한 마음을 구별해낼 수 없을 것이다.

어머니

무심히 있을 때 검처럼 날카로운 긴 뿔로
사나운 사르락*이 받으려고 날뛸 때
'엄마!' 하고 나는 자신도 모르게 소리쳤다.
주변을 에워싼 산에서 메아리 소리가 되어 울려 퍼졌다.
말을 배우기 시작하면서 처음 했던 말은 그것이었다.
맨 처음 가슴에 보듬어
        돌보아주시며 은혜를 베풀어준 사람도 그분이었다.
사려 깊으신 어머니를 불렀던 도움으로 나는
갑자기 공격해온 수소의
        뿔에 받히지 않고 무사히 빠져나왔다고 생각한다.
생의 정오에 세상에서 영원히 떠나가신 나의 어머니
나를 돌보아주시며 살아가시는 그분이 생각난다.

* 사르락: 털이 길고 몸집이 큰 소의 일종.

사랑

사랑이란
뜨거운 마음의 불꽃
평범한 몸에
    양전하가 되기에.
사랑이란
약해질 수 없는 믿음의 불
사랑스런 연인에게
    음전하가 되기에.
사랑이란 먼 곳에서
인자하신 어머니를 향해 오는 자식처럼
그렇게 불현듯 찾아오는 것
갑자기 올 때
    내 사랑은
순백한 나의 가슴을
    뛰고, 넘치게 한다.
따뜻한 봄의 부드러운 밤에도
서정적인 아름다운 곡조가
    마음에서 울린다.
노래할 수 없지만 나는
광활한 초원을 달리며
밝은 황색 말의 등에서
    바람이 흔들리도록 휘파람을 분다.

사랑의 불이
뜨거운 가슴에 타오르지 않았다면
검은 머리를 반짝이도록 빗어
거친 내 얼굴을 어떻게 거울에 비추어볼 수 있을까.
어둠을 뚫고
마음을 환히 빛내며
사랑의 약속에
    어떻게 가벼운 발걸음으로 갈 수 있을까.
진실한 사랑이란
치장한 모습에 있지 않다는 것을
달 아래서
안도의 숨을 쉬며 부끄러움 없이 서 있을 때
    이해했다, 나는
진실한 마음이란
재물 위에서 꽃피지 않는다는 것을
별들 아래서
지혜가 맑아지고 마음의 평안을 느끼며 서 있을 때
    깨달았다, 나는
사랑의 시선으로
풍요로운 고향을 응시하며
두 마리 황색 말이 걸어가면서
등자가 서로 부딪치는 소리를 낼 때

꽃핀 초원이 미소지으며 우리를 맞이한다.
사랑스런 갓난아기를 위해 노래하는
어머니의 부드러운 자장가가 마음에서 울려 퍼진다.
사랑의 상념으로
드넓은 세상을 생각할 때
세상 전체가
태양의 축에서 돈다.
빛나는 인간 세상 전체가
사랑의 축에서 돈다.

아, 단 한마디 당신의 말……

한 아름 몸의 힘이 부족하여
　　　들어올린 나의 짐을 이기지 못했다.
내 사랑이 와서 용기를 북돋워주는 한마디를 속삭였다.
생명의 혈관으로 스며드는 마법적인 말
　　　들어올린 짐을 새털처럼 가볍게 했다.
숨을 쉬는 동안 나는
내 짐을 별 위까지 들어올려버렸다.
아아, 단 한마디 당신의 말이 내게 먼 항가이의
　　　산들을 들어올릴 만한 그런 큰 힘을 불어넣어주었나?
한 아름 몸의 힘을 과시하며
　　　들어올린 내 짐을 던지고 있었다.
이웃의 말 많은 여인이 와서
　　　기운을 꺾는 단 한마디를 속살거렸다.
생명의 혈관으로 스며드는 마법적인 말
　　　들어올린 짐을 단단한 돌덩이처럼 무겁게 만들었다.
눈 깜짝할 사이에 나는
　　　내 짐을 땅이 꺼질 정도로 놓쳐버렸다.
아아, 단 한마디. 네가 나에게 한 줌의 쌀도
　　　감당하지 못할 만큼 커다란 힘을 약하게 만들었나?

식물이 자라는 것은

식물은 소리도 고통도 없이 자란다고
들꿩이 말한 것은
귀가 울리고 있기 때문이 아닐까.
작은 소리를 내며 식물이 자란다고
원앙새가 말한 것은
귀가 민감하기 때문이 아닐까.
식물은 다만 낮에 자란다고
참새가 지저귄 것은
밤에는 잘 볼 수 없기 때문이 아닐까.
식물은 다만 밤에 자란다고
부엉이가 힘주어 말한 것은
낮에는 잘 볼 수 없기 때문이 아닐까.

너의 눈물

울고 있구나, 너는!
울어라! 울어
눈물이 쏟아지는 대로 울어라!
나의 연인
내 사랑
네 사랑에서 넘치고 흘러넘쳤다.
네 상념에서 솟구쳐 올랐다.
네 꿈에서 이슬비가 내리며 깨운 눈물
네 가슴을 넘어 흘러간
너의 눈물
너의 눈물
사랑의 결실로 만난
진실한 사랑의 거센 보상.
너의 눈물
너의 눈물
내게서 흐르지 않았지만
나의 눈물
네게서 흘러나왔지만
나의 눈물
줄어들 수 없이 흘러넘치는
부드러운 사랑의 샘물.
끝없이 빠르게 흐르는

계곡의 여울물
너의 눈물
내 사랑의 눈물.
울고 있구나, 너는!
울어라! 울어!
가득히 흘러넘치도록 울어라!
나의 운명
나의 운명!

어제 저녁 붉게 노을졌던 태양

어제 저녁 붉게 노을졌던 태양이
산 저편에서 보일 듯, 보이지 않을 듯
어제 오후 다리를 묶어놓았던 말이
안개 사이에서 보일 듯, 보이지 않을 듯
어제 아침 시선을 마주친 여인이
마음속에서 속삭일 듯, 속삭이지 않을 듯

어머니 자연이여

어머니 자연이여, 당신은 정말 인색한 분이십니다.
당신의 풍요롭고 넓은 아름다움 가운데 제게
너무 적은 것을 주셨어요. 적게 주셨어요!

어머니 자연이여, 당신은 정말 관대한 분이십니다.
당신의 풍요롭고 넓은 아름다움 가운데 그에게
너무 많은 것을 주셨어요. 많이 주셨어요!

베풀고, 인색한
    양손이 자연에서 운명지어진 것이 아니었다면
넓은 세상에
    색과 모양이 구별되었을까?
깊은 마음의 아름다움으로
    서로 닮으려는 몫이 부족하지 않았을까?

데. 체데브 Д. Цэдэв

1

더찌어깅 체데브는 1940년 몽골 바양헝거르 아이막, 바양어워 솜의 목자(牧者) 가정에서 태어났다. 1963년 몽골 국립대학을 졸업하고, 1971년 어문학의 부박사, 1998년 어문학 박사 학위를 받았다. 1963~1966년 몽골 과학아카데미 에스페란토 협회의 서기장, 1966~1974년 몽골 과학아카데미 언어문학연구소의 학술연구원, 학자들의 서기, 1974~1977년에 울란바타르 시 문화·예술 기관들의 당위원회 서기, 1977~1986년 몽골 인민대위원회 인민 대표, 1989~1990년 인민대위원회 대표 위원으로 일했으며, 1983년과 1986년 세계평화위원회 위원으로 선임되었다. 1990~1992년 문화·예술연구소에서 학술 연구 고위 연구원, 1992~1996년 일본 도쿄 외국연구대학 교환 교수, 1996~1998년 몽골 문화·예술연구소 학술 연구 고위 연구원, 1998년부터 몽골 문화·예술대학 대학장, 문화·예술연구소 연구소장 등의 공무에 종사했다. 1999년 프로페서르(професcор) 자격을 받았으며, 2001년 몽골 과학아카데미 소위원회 위원이 되었다.

1953년부터 문학 작품 습작을 시작하였으며, 시집으로 『아들 온드랄』(1956), 『생각』(1979), 단편 선집으로 『마유주의 맛』(1970), 중·단편집으로 『50개의 산고개』(1983) 등이 있으며 중·단편, 시, 장편 시집 등 여덟 권의 작품집을 발표했다. 또 『몽골 시의 전통, 개혁』(1973), 『현대, 문예』(1987), 『몽골 비사의 상징론』(2002) 등 단일한 주제를 가진 저서와 학술 논문집 일곱 권을 출판했다.

그의 저서는 영어, 프랑스, 스페인, 아랍, 일본, 베트남, 체코, 헝가리 등의 언어로 번역되어 출판되었으며, 러시아어로 시선집 『돌의 파문』(1985), 『선집』(1988)에 정선된 작품들이 번역되었고, 불가리아어로 『사람의 자식』(1986), 카자흐어로 『마음에서 마음으로』(1984) 등의 시선집이 각각 번역, 출판되었다. 그리고 일본에서 『몽골 원문을 연구하는 방법론의 실험』(1985)이라는 연구서가 몽골어로 출판되었다.

데. 체데브는 아. 이스. 푸슈킨, 에르. 타고르, 엔. 히크메트, 에르. 감자터브, 케. 콜리예브, 페. 마테브, 라이오위 나드 등의 저서를 몽골어로 번역,

출판하였다. 또 그는 1996년 일본 동양아시아 철학학술상, 1998년 몽골 인민문학가이며 학술원이었던 체. 담딩수렝 문학상을 각각 수상했다.

2

체데브의 시는 고향인 고비 사막에서의 삶과 풍경, 자연현상 속에서 느끼는 삶의 철학 등이 주조를 이루며, 시적 이미지를 감각적인 필체로 묘사하는 특징을 가지고 있다. 또 그의 시는 매우 간결하며 음보의 정형성과 두운 연결이 다른 시인에 비해 두드러진다는 특징을 지닌다.

「고비의 모래」는 시인의 고향인 바양헝거르 아이막의 사막 지역에서 지낸 어린 시절에 대한 향수, 모래를 통해 배운 자연의 세계, 모래 세계의 신비를 애정 어린 마음으로 묘사하고 있다. 「드넓은 고비의 집」에서는 망망한 반사막 지역, 가도가도 시야에 잡히는 것이란 먼 곳의 아지랑이, 멀고먼 곳의 흐릿한 산들, 이런 지역을 여행하는 목마른 사람을 위해 집에 차를 준비해놓고 방목하러 가는 몽골 목자들의 따스한 풍속을 서정적인 필치로 그리고 있다. 고비 지역 목자들의 물욕 없는 이타적인 마음과 여행객을 위한 자상 어린 배려는 폐쇄적인 도시 생활에 감염된 우리에게는 감동적일 수밖에 없다. 보통 몽골인의 따스한 마음을 차를 대접하는 문화에서 느끼게 되는데, 이 시에서는 그러한 문화의 진수를 보여준다.

「야생마의 먼지」는 가축화되지 않은 야생말에 대한 경탄의 마음을 기조로 한다. 2연의 "먼지 속에 들어간/경주마의 근육은 단단해진다"고 한 것은 야생마가 달리는 뒤를 따르는 말은 야생마의 속도를 따르려고 하기 때문에 근육이 발달하게 된다는 것을 의미한다. 광활한 자연 속에서 무리지어 달리는 야생마, 안개 낀 초원 속에 떼지어 서 있는 야생마가 그림처럼 묘사되어 있다.

자연 속에서 느끼는 삶의 깨달음을 노래한 시에는 「아침 일찍 게르가 보이지 않을 정도로」「산비탈에서」「어머니 자연이여」 등이 있다. 「아침 일찍 게르가 보이지 않을 정도로」에서는 몽골인들의 긍정적인 인생관을, 「산비탈에서」에서는 장대한 자연 속에 공존하는 계절 감각을 통해 세상에는 행복과 고통이 공존한다는 것, 고통을 견디는 바로 그 옆에 행복이 존재한다는 삶의 법칙을 보여준다. 「어머니 자연이여」에서는 인간을 포함한 자연 만물의 서로 다른 특징은 어머니 자연의 차별적인 배려에 의한 것이라고 노래했으며, 만물 쪽에서 바라보면 다른 존재보다 못 한 점에 불만을 가질 수 있지만, 그것은 어머니 자연의 편애가 아니라는 점, 즉 세상 만물의 다양성과 서로를 닮고자 하는 존재들 간의 애착을 갖게 하려는 어머니 자연의 배려라는 철학적 내용을 담고 있다.

그 밖에 「죄 없이 밟힌 마음」에서는 천지 자연의 사랑 속에 피어난 꽃이 몰지각한 동물에게 짓밟혀 상처를 받는 것을 묘사했지만, 이것은 현실 세계에서 순수한 마음으로 살아가는 약자를 함부로 짓밟는 강자에 대한 비판의 목소리를 비유적으로 표현한 것이다. 「식물이 자라는 것은」에서는 식물이 어떻게 자라나는가 하는 하나의 이야기를 통해 다양한 동물들의 견해를 열거함으로써 인간들의 아집 내지는 편견에 의한 자기 주장의 어리석음을 비판하고 있다.

자연 속에 계절의 순환을 예리하게 관찰하여 노래한 시에는 「가을의 서늘함이 산에서」, 「봄눈」이 있다. 도시에는 계절의 변화를 사람들의 옷차림새에서 느낄 수 있다면, 드넓은 자연 속에서 살아가는 시골 생활에서는 자연현상의 변화 속에서 자연과 더불어 계절을 느끼는 모습을 이들 시에서 보여준다. 「봄눈」에서는 겉으로 보면 봄눈은 여전히 겨울을 안고 있는 듯하지만 자신의 몸 안에 비를 품고 천지 만물을 일깨우는 봄의 사자임을 시인의 섬세한 필체로 묘사하고 있다.

「흐르는 물의 노래」는 하늘과 땅에서 자연 만물에게 고루 혜택을 나누어주는 물에 대한 찬시이자, 시적 화자도 물과 같이 자애롭고 덕 있는 존재가 되어 살고 싶다는 염원을 담고 있는 시이다. 자연의 한 현상을 감각적 필체로 묘사한 시에는 「아네모네」, 「아침」이 있다. 「아네모네」는 드넓은 초원에서 봄과 함께 깨어나는 아네모네의 사랑스런 모습을, 「아침」은 평화로운 초원을 의인화시켜 초원의 아침을 잠에서 깨어나는 소녀로 묘사하고 있다.

사랑에 대한 시 가운데 「노래로 만나리」는 목자였던 부모의 일상적인 생활을 배경으로 늘 민요를 흥얼거리며 사셨던 부모님을 그리워한 시이다. 시의 내용이 비교적 단순한 것 같지만 두운의 연결과 음보의 정형성으로 매우 리듬감이 뛰어난 시이다. 「어머니」에서는 일찍 가셨지만 늘 마음속에 어머니가 계셔 시적 화자의 삶의 비호해주고 있는 모습을 위기에 봉착했던 상황을 계기로 묘사하고 있다. 「아! 단 한마디 당신의 말……」은 사랑하는 이의 따스한 한마디 말의 위력을 주제로 하고 있다. 몽골에서는 말이 이루어주는 힘의 효과를 매우 중시하며, 찬시인 마크탈 магтаал, 앞날을 기원하는 축시인 유럴 ерөөл, 주술적 효과를 가져다 주는 쉬브쉴륵 шившлэг, 그 밖에 주술적 치료 효과를 가져다 주는 덤 дом 등 언어 문화가 일상화되어 있다. 위의 시에는 이러한 말의 창조적 힘과 파괴적인 두 가지 힘을 대비시킴으로써 말이 갖는 힘의 위력을 적실하게 보여준다.

「사랑」「너의 눈물」은 연인 간의 사랑을 주제로 한 시로「사랑」에서는 몽골의 초원을 배경으로 무르익은 순수한 사랑의 기쁨을 노래하였으며, 세상이 순환하고 존재하는 이유를 사랑으로 묘사하고 있다. 「너의 눈물」은 감상적인 색채가 다분한 시이지만, 진정한 사랑의 대가로 수반되는 아픔과 슬픔을 긍정하고 함께 아픔을 나누려는 몽골인의 따스한 정애가 느껴지는 시이다.

그 밖에「나의 시」는 작품에 대한 비판이 심했던 사회주의 시대를 배경으로 하고 있다. 낭만주의나 관념적인 작품에 대해서는 현실성이 없는 작품이라고 비난하고, 리얼리즘에 입각한 사실적 작품에 대해서는 작품성이 없다고 비난하는 사회적 비평의 분위기를 감지하며 작품 쓰는 일의 어려움을 말해주고 있다. 「날개를 주세요」에서는 상황에 따라 인간이 희구하는 바가 달라지는 양면성을, 「불과 물」에서는 모순으로 보이는 현상에 대한 전체적이고 통일적인 안목의 필요성을 주제로 하고 있다.

체데브의 시는 매우 간결하고 단일 주제로 집약되는 특징을 갖는다. 단순한 내용 속에서도 정치한 시적 이미지를 구현하고, 운과 율에 의한 리듬감으로 인해 번역으로 다 옮길 수 없는 음악적 아름다움이 있다.

체·다욱도르찌

어린 시절의 은방울
돈드 오하의 가을
잔잔한 델게르 강
어머니
진달래꽃
당신은 내게 항상 시를 말해줍니다
마음
아침마다 당신은
물새
차례로 마른풀이 되는 세상이라는 시의 장
아, 너와 나를 신께서 보셨네
신발
제주의 싱그러운 바람
제주의 전통 차
한국의 산
지루할 수 없는 세상의 빛이여
내 마음의 비 속에 꽃핀 센드마
백 날도 피지 않은 나의 꽃
마음이 흔들리던 날
가슴이 뛰도록 흔들리는 꽃
헤르렝의 허더 섬
한 줌의 흙

어린 시절의 은방울

터브거르*의 강이
출렁이며 수런거린다.
연무가 피어오르는 먼 곳에서
반짝이며 시끄럽게 수다를 떤다.
어머니와 둘이서 감탄하며 앉았던 고향의 강가
파도가 밀려왔다 밀려가는 것은 여전하고……
같은 무리의 수많은 가축떼에게 물을 먹이고 앉았던 강가
깊이를 모르는 투명한 물은 여전하고……
……터 잡고 살던 고향이 눈에 선하다.
노인들께서 말씀하시던 교훈들이 귀에 또렷이 들려오고,
어린 시절의 은방울이 마음속에서 은은히 울려 퍼진다.
먼 곳에서 점차 가까이 울려온다.
잡히지도, 잊혀지지도 않는 소리
즐겁게도, 아프게도 하며 방울 소리가 울린다.

* 터브거르: 지명.

돈드 오하의 가을

집, 집마다 피어오르는 연기가
대기 속에 자욱하고,
가축떼는 초지에서
평화로이 풀을 뜯는다.
힘든 노동 후에
인간과 가축은 잠시 휴식을 취한다.
발효가 되어가는 마유주*가
가죽 부대 속에서 시끄럽게 아우성칠 때
돈드 오하의 가을은
끝나지 않을 듯, 멋을 부리고 있다.
노래하는 맑고 싸늘한 바람에
마음은 쓸쓸해지고,
같은 무리의 붉은 말들을
바라보다 안장을 얹는다.
수많은 말발굽의 먼지가
뽀얗게 사물을 뒤덮으며 지나간다.
동네에서 소문난 가정은
식구를 더하기로 확실히 결정했다.
꺼내지 못했던 말은
가슴의 병이 되었다.
서늘한 오하의 가을은
가지 않을 듯 깊은 생각에 잠겨 있다.

차고 맑은 바람에
마음은 더욱 쓸쓸해진다.

* 마유주: 말이나 낙타 젖을 발효시켜 만든 도수 낮은 탁주.

잔잔한 델게르 강

잔잔한 델게르 강,
비단 무늬결같이
평온한 반려와 만났던
이 세상은 행복하였네.
    평온한 측대말의 달음질로
    갈망하고 설레는 가슴으로 달려와,
    하늘같이 푸른 강물에
    안타까운 마음을 두고 돌아간다.
은빛으로 반짝이는 너의 물결 속에
나는 헤아릴 수 없이 뛰어들었다.
희망의 푸르고 얇은 비단을
나의 강가에서 나풀거렸다.
    가정의 불씨를 일으키는 자식은
    둔덕 위에서 날갯짓하며 자라고,
    삶의 불평과 기쁨의 눈물은
    땅 위에 떨어졌다.
잔잔한 델게르 강,
비단 무늬결같이
평온한 나의 반려자와 넘은
이 세상은 행복하였네.
    평온한 측대말의 달음질로
    갈망하고 설레는 마음으로 달려와,

하늘같이 푸른 강물에
안타까운 마음을 두고 돌아간다.

어머니

안개 낀 회색빛 세상에서
자장가를 부르며 키워주신 나의 어머니
옳고그른 것을
일깨우며 키워주신 나의 어머니

먼 타지에서 고향을 생각하면
집 밖의 정경이 아스라이 작게 보입니다.
거위들이 노래하는 소리로
당신을 부르고, 또 부르고 싶어집니다.

먼지로 이루어진 황금빛 세상에서
길러주시고 키워주신 나의 어머니
어린 시절
즐겁게 뛰놀게 하며 키워주신 나의 어머니

먼 타향에서 생각하면
눈물 속에서 당신이 어른거립니다.
호수의 새들이 노래하는 소리로
당신을 부르고, 또 부르고 싶어집니다.

태양이 있는 단 하나의 세상에서
나를 먼저 위해주시던 나의 어머니

즐겁던 많은 날들
나를 먼저 위해주시던 나의 어머니

아주 먼 곳에서 고향을 생각하면
먼지 속에 가려져 당신이 흐릿해 보입니다.
두루미들이 돌아가면
당신을 부르고, 또 부르고 싶어집니다.

진달래꽃

북쪽의 아름다운 항가이의
첩첩이 연이은 푸르름은 얼마나 아름다운지.
북쪽 무성한 숲 진달래꽃의
내음은 얼마나 향기로운지.
인간 생에
이르러 태어난 나의 고향
춥고, 따스한 어느 때라도
희망이 된 나의 꽃이여.
태양과 꽃 속에서
뛰놀며 그곳에 머물러 살고 싶구나.
이런저런 생각을 하며
믿음과 깨달음을 얻고 싶구나.

분홍빛 진달래꽃은
열흘의 운명을 가졌지만
정든 고향의 나의 노래는
헤아릴 수 없이 오랜 생애를 가졌네.

당신은 내게 항상 시를 말해줍니다

당신은 내게 항상 시를 말해줍니다.
귀에 아주 작은 소리로 속살거리며 말해줍니다.
조용히, 부드럽게 당신이 부르신 것을
리듬에 맞추어 서둘러 늘어놔봅니다.

멀고먼 곳에서 당신은 저를 향해 오셔서 시를 말해줍니다.
목소리가 막혀오는 걱정으로 시를 말해줍니다.
당신이 한숨 쉬실 때 내 마음은 놀라 뜁니다.
달과 함께 나는 웬일일까? 어떻게 하나? 생각합니다.

당신은 내게 시를 들려줍니다.
잠시 조용히 있다가 부드럽게 불러냅니다.
진정한 사랑, 마음의 순백한 바다에서
당신과 나는 그때 시의 돛단배로 떠갑니다.

마음

마음이 이상하다.
싸늘한 바람에 흔들거리고 있다.
때때로 마음의 강물이 범람하며,
머리카락은 은빛으로 변해가고 있다.
산 정상에는 짙은 골안개가 끼고
슬픔에 젖은 듯 흐릿한 얼굴을 하고 있다.
자고 깨어날 때 엄습하는 짙은 쓸쓸함
울고 싶어질 듯 이상한 마음이 든다.
자연의 순리대로 떨어지는 나뭇잎들은
바늘에 찔린 듯 놀라 몸을 떨고 있다.
그저 해버린 한마디 말이
가슴속 깊이 머물러 마음을 저리게 한다.
붉은 비단 위에서라면
아름답게 수놓는 무늬가 도드라질 듯한데,
마음 위에서라면
만났던 여인은 단 하나.
섬세하고 아름다운 비단 위에라면
보이는 문양은 도드라질 듯한데,
뜨거운 마음의 거울 위에서라면
사랑하는 운명은 단 한 번.
맑고 밝은 태양이 있는 이 세상에는
순서와 차례가 끊이지 않는구나.

노래하고도, 울고도 싶은 운명이지만

둥글게 돌며 순환하는 가운데 있는 것을……

아침마다 당신은

아침마다 당신은, 환기구 덮개의 줄을 흔들지 않았지만
마음속 깊은 곳, 내 마음의 덮개를 당긴다.
아름다운 운율을 노래하는 시구를 늘어놓고
아네모네가 있는 푸르고 맑은 세상에 내 마음의 새벽을 밝힌다.

아침마다 당신은, 불의 신을 깨우지는 않았지만
자애롭고 부드러운 마음으로 나의 불이 되어 산다.
오랜 시간의 흐름 속에 약해지기도 하고, 되살아나기도 하지만
가슴속 서늘함을 데우고, 차가운 추위에서 너는 나를 지키며 산다.

태양이 떠오르고 날이 밝으면서, 짙은 차를 따르지는 않았지만
지성의 넓은 평온함으로 내 마음에 젖을 부으며 살아간다.
많은 사람 가운데서 나의 반려가 되지는 않았지만
서정 시구의 의미를 함께 용해시키며 살아간다.

강렬하게 내리쬐는 뜨거운 여름의 태양에
붓과 벼루를 짝하여 시의 잔치에 초대한다.
초조하고 급한 일들이 거치적거리며 마음을 고통스럽게 할 때
너와 춤추고 웃으며, 마음을 맑고 관대하게 한다.

저녁마다 당신은 나의 잠자리를 매만지며 기다리지는 않았

지만

별, 달과 함께 너는 내게 말을 건다.
들어가고 나갈 때, 나를 바라보며 문에서 마중하지는 않았지만
오직 한 번 세상을 여행하는 백조의 노래를 짓게 했다.

아침마다 당신은, 환기구 덮개의 줄을 흔들지는 않았지만
마음속 깊은 곳, 내 마음의 덮개를 당긴다.
아름다운 운율을 노래하는 시구를 늘어놓고
아네모네가 있는 푸르고 맑은 세상에 내 마음의 새벽을 밝힌다.

물새

늦은 가을 달
민요 가락이 흐르고
사랑의 가장 소중한
마음의 끈을 가진
물새는 맴돈다.
너는 노래하는 것을 그쳐야 한다.
이를 수 없는 먼 곳을 향해
시간의 중심에서 되돌아가야 한다.
오리와 거위는 대열을 이루었다.
나의 친구는 노래하기를 그쳐야 한다.
호수와 연못에 남았다고
고장의 겨울이 지나가는 것은 아니다.
하루 종일 바라보아도 마음의 갈망이 그치지 않는
사랑스럽게 태어난 나의 연인.
밤새 노래해도 반도 끝나지 않는
마법 같은 노래
불꽃 같은 검은 눈은
들어가도 나가도 나를 쫓는다.
세상을 녹일 만한 가락에
철 늦은 아네모네가 핀다.
덕스런 백발의 형님들아
사랑의 노래를 왜 남겼느냐

어리석게 태어난 나를
사랑으로 돌아가게 왜 불렀느냐
복되게 태어난 누이들아
사랑의 가락을 왜 남겼느냐
온통 마음이 흔들리도록
나를 돌리며 왜 불렀느냐.
민요 가락은
여행의 먼 길에서 함께하던
여인의 마음의 사랑
생명의 강에서 멀어져
짧게 마감하는 운명을
노래로 조금이나마 늘이고 싶구나.
부르기에 먼 연인을 회상하며
조금이나마 부드러운 마음이 되고 싶구나.

차례로 마른풀이 되는 세상이라는 시의 장

늦여름의 취한 듯 붉고 흰 달
숨골과 앞발 끝 경계에 젖빛을 뿌리며 달무리져 있다.
운명과 숙명을 믿는 산 사람의 마음에
길일(吉日)은 밝은 태양처럼 희망에 넘친다.

괴로웠던 사람들에게는 끝나지 않을 듯 험한 세상 같고
목적지의 흐릿한 모습은 지평선에서 아물거린다.
행복했던 사람들은 눈 깜짝할 사이에 지나가는 짧은 세상에서
「짜흥 샤륵」*의 리듬이 내 마음을 움직인다.

* 「짜흥 샤륵」: 사랑을 주제로 한 민요.

아, 너와 나를 신께서 보셨네

아, 너와 나를 신께서 보셨네
우리의 생에서 만나게 해주리라고 생각했네.
마음의 세상에 철 늦은 아네모네*를 피웠네.
꿈꿀 때 너를 있게 하려고 아네모네를 오게 했네.

나지막한 산에 눈발이 흩날리는 것은 거짓이었다.
태양이 되어 마음의 열에 녹고 있었네.
호수와 연못의 새들이 울고 간 것은 거짓이었다.
눈물을 흘리게 할 사랑의 계절에 머물러 있었네.

아, 너와 나를 신께서 보셨네.
멀고먼 곳에서 우리의 열여덟 나이를 부르셨네.
마음의 세상에 철 늦은 아네모네를 피웠네.
깨어날 때마다 너를 내 곁에 있게 하려고 아네모네를 선물로
주셨네.

* 아네모네: 사랑의 마음을 비유한 것.

신발

고려국에 가니
신발이 많은 것들을 이야기한다.
신은 주인들의
얼굴과 모습을 말한다.
잘사는 것, 힘들게 사는 것
깃을 단 것, 날 듯한 것.
오늘은 어떤 모습으로 다니는지를
신발은 이야기한다.
음식점에 들어가자
쌍쌍의 신발들이 보기 좋게 단정히 놓여 있고,
가죽이 딱딱해 끼는 신발도
높은 목을 위로 해죽이 벌리고 놓여 있다.
삶이라는 험한 바윗길에
닳고 약해진 신발도 눈에 띄고,
사랑이라는 바윗길을
오르는 것도 보인다.
날이 가면서 지쳐가는 것
가슴속 깊이 가슴앓이를 하며 가는 것
더 나은 곳을 향해 불꽃을 태우며 가기도 하고
또 다른 것을 추구하며 가기도 한다.
배고픈 것, 기름진 것
경쟁하고, 다투는 것

여러 가지 다양한 모습들
문 앞에 남아 있는 것 같기도 하고……
졸려 쉬는 것 같기도 하다……

고려국에 가니
신발이 참으로 많은 이야기를 한다.
차를 마시고 나가는 동안
그 신발 주인들의 얼굴이 보인다……

제주의 싱그러운 바람

제주의 싱그러운 바람
습기를 싣고 부드럽게 살랑거린다.
마음속 여인의 모습이
잡히지 않는 먼 곳에서 생각난다.

가끔, 가끔씩 바람은
뺨을 스치며 가볍게 살랑인다.
할하*에서 불어온 것일까?
사랑하며 어루만지는 듯싶구나

비, 비로 전해
약속에 부르는 것은 아닐까
생각, 생각으로 전해
내 사랑은 왜 오지 않을까.

바람, 바람으로 전해
만나자 약속을 정하는 것은 아닐까
아름다운 얼굴은 빛 속에 반짝이는데
그리움을 왜 말하지 못할까.

물, 물로 전해
흘린 눈물을 말하는 것은 아닐까

잠이 반쯤 이르렀는데
꾸었던 꿈을 왜 말하지 못할까.

제주의 싱그러운 바람에
마음은 설레고
가슴 깊이 사랑하는 연인이
제주의 먼 곳에서 생각난다.

푸르러진 산, 산 가운데로
노래하며 갈 때도 너를 생각한다.
온유한 바닷물로
이마를 적실 때도 너를 생각한다.

* 할하: 몽골 중부 지역 및 부족의 명칭.

제주의 전통 차

제주도에 갔을 때
손자 집에 간 듯한 생각이 들었다.
나를 반가이 맞이해준 다음
전통 차로 손님 대접을 한다.

옛날 어느 한때 이곳은
나의 어머니의 친족들이 남아 있었다.
얼룩진 세상 풍파에
가엾게도 남자들은 시들어갔다.
여인들은 바다를 지키며
많은 날 차를 끓여
전쟁에서 돌아올 남편을 기다렸다.
끓이고 달여서
과일주 맛이 나는 붉은 차
그 위에 띄운 몇 알의 잣
……전통 차의 맛을 뭐라 말할까
내 조국 몽골이 절절이 그리워진다.
바다 저편을 향한 커다란 유리창을 통해
손짓하며 부르는 듯한 신비함을 무어라 말할까
바다를 향한 돛단배가
파도 가운데서 나타나는 것은 얼마나 아름다운지.

한국의 산

한국의 산
흥미롭다.
무지개처럼 보이지도 않고, 어둠침침해 보이지도 않는다.
꿈같이 뾰쭉뾰쭉하기도 하고,
꿈이 아닌 사실처럼 나지막한
한국의 산
흥미롭다.
나라의 행복이
산에는 있는 듯.
완전한 예술적 기교로 겹겹이 층져 있는 산.
나라의 고통을
짊어지고 있는 것 같다.
산에는 죽은 이들의 무덤과 십자 모양의 비석······
위용 있게 서 있는 커다란 바위는 없지만
그림자도 있고 또 빛도 있는
한국의 산
특이하다.
곰곰이 생각해보니
눈앞에 있는 듯.

지루할 수 없는 세상의 빛이여

교차로 입구에서 만났었지.
부드럽게 응시하며 미소지었을 뿐
나이 차도 생각지 않고
내 고집도 헤아리지 않고 마음을 어루만졌지.

고통스럽게 지낸다는 소식이 들린다.
마음대로 흘러가는 세상의
매에 무릎 꿇지 말기를……

산등성이 입구에서 만났었지.
내 가슴은 뛰고
할 말도 헤아리지 않고 가까워졌지.
하나된 마음의 눈물.

행복하게 지낸다는 소식이 들린다.
힘겹고 고통스런 세상의
냉혹한 추위에 성에가 끼지 말기를……

어머니가 돌아가신 후 나를 아끼며 사랑했지.
나의 응석도 마다하지 않고 사랑해주었지.
아버지가 돌아가신 후 위로와 용기를 주었지.
내 못된 성질도 마다하지 않고 돌보아주었지.

힘들게 지낸다는 소식이 들린다.
마음대로 흘러가는 세상의
매에 무릎 꿇지 않기를……

뒷산 고개에서 만났었지.
오빠같이 지내다가 사랑을 했었지.
눈물을 흘리며 울 때 동정하고
힘든 짐에도 소리 없이 따랐었지.

행복하게 지낸다는 소식이 들린다.
험하고 거친 세상의
추위에 성에가 끼지 말기를……

산등성에서 만났었지.
만남의 즐거움으로 날갯짓하고
울고웃으며 맞이했었지.
지루할 수 없는 세상의 빛이여.

고통스럽고 행복하다는 것은 행위의 결과에 있는 것
만난다는 것은 운명적인 것
사슴 같은 눈을 한 내 사랑은 나의 운명이었나 보다.

내 마음의 비 속에 꽃핀 센드마

내 나이 열여덟에
아버지의 품에서 떨어지지 않던 센드마
뒤편 강을 따라 즐겁게 살아갈 때
오빠 눈에 띄지 않았던 센드마
    센드마, 센드마, 센드마
    내 마음의 호오르*를 연주하던 센드마

내 나이 스물다섯이 되었을 때
가축 우리 근처에서 멀리 나가지 않던 센드마
위로 아래로 이동하며 살아갈 때
사랑스런 소녀로 남았던 센드마
    센드마, 센드마, 센드마
    내 마음의 호치르*를 연주하던 센드마

내 나이 서른 몇이 되었을 때
아름답게 성숙하여 태어난 센드마
서른, 마흔 명이 함께 노래를 부르며 고향을 떠나갈 때
쓸쓸해하며, 품었던 마음을 말하지 않던 센드마
    센드마, 센드마, 센드마
    내 마음의 샨쯔*를 연주하던 센드마

내 나이 마흔 몇이 되었을 때

눈을 크게 뜨고 응시해도 멈추어 서지 않던 센드마
불꽃 같은 뜨거움으로 노래하며 갔을 때
말 등자 소리에도 맞이하지 않던 센드마
  센드마, 센드마, 센드마
  내 마음의 화음에 함께하던 센드마

운명의 고통이 쌓이면서
평안한 잠을 설치던 센드마
내 나이 오십 몇이 되었을 때
마주치는 순간 눈에 눈물이 가득 고이던 센드마
  센드마, 센드마, 센드마
  내 마음의 비 속에 꽃피었던 센드마

* 호오르, 호치르, 샨쯔: 몽골의 전통 악기.

백 날도 피지 않은 나의 꽃

백 날도 피지 않은 나의 꽃이여
여름의 태양을 경험하지 않은 나의 장미여
불등(佛燈)처럼 피어오른 사랑의 꽃잎이여
즐거움 없는 내 마음의 슬픔이여

갈빙가 새*의 알은
껍질 안에서 지저귄다고 했다.
가슴 아픈 세상사에
너무 놀라 노래한다고 했다.

무성한 숲의 여름 같은 사랑의 결실
서로 친숙해진 마음의 풍요로움
아주 여러 날을 감동케 하고
먼지를 씻어준 나의 가을비

때때로 너를 생각할 때
구름이 피어오른다.
운명의 힘겨움을 생각할 때
비가 내린다.

백 날도 피지 않은 나의 꽃이여
여름의 태양을 경험하지 않은 나의 장미여

불등처럼 타오른 사랑의 꽃잎이여
즐거움 없는 내 마음의 슬픔이여

* 신화상의 새.

마음이 흔들리던 날

비가 뿌리고
생각은 속살거린다.
가슴이 뛰고
네 모습이 눈앞에 어린다.
우연히 만난 오늘
꿈인 듯도 싶고, 운명인 듯도 싶다.

팔월의 태양은 한껏 멋을 부린다.
나뭇잎에 맺힌 이슬방울들
내 마음을 또 너를 바라보았더라면 좋았을 것을……
주의하지 않고 살아온 것에 대한 마음의 회한
처음 바라본 날은 행운의 복권
무심히 지나친 순간은 삶의 고통
울고 흘린 눈물은 거센 폭우
방문한 집에서 우연히 너를 만난 것은 황금빛 태양
정한 만남에 초대해 부른
그 집 문지방에 무릎을 꿇고 감사의 절을 하고 싶었다!
부대에 든 풀들을 함께 들어가며
서로를 향한 날들을 같이하고 싶었다!
바람이 분다.
멀리 차가운 연무가 낀다.
마음은 어린 아기가 되어

헤어질 때 울고 싶고

그리워할 때 노래하고 싶은

흔들리는 오늘

연인아! 너는 누구의 사람이 되었느냐……?

가슴이 뛰도록 흔들리는 꽃

많고많은 사건 가운데
둔덕에 철 늦은 꽃이 피었네.
잠시 왔다 돌아가는 세상에
쓸데없이 온 것은 아니라는 생각.
네가 그저 한번 바라보았는데도
옷섶 단추가 작은 소리로 찰락거리고
되돌아 쫓아가 생각하면서
내 마음은 너를 향해 넋을 잃는다.
이런저런 세상이
나를 어디로, 너를 어디로 방황케 했나?
그저 즐기며 지내고 있다가
가을은 왜? 겨울은 왜 마음을 두근거리게 했나?
하얀 새털구름이
바람에 흘러가는 힘겨움
바람에 흘러가는 구름 사이로
마음의 무지개가 떠오른다.
연무가 낀 산에
암사슴, 수사슴이 스쳐 지나간다.
잊을 수 없는 너.
연무 가운데 뚜렷한데,
이 세상 태양에
마음껏 울고 싶구나.

걸어간 길에서

자유롭게 돌아서고 싶구나.

원앙새가 노래하는 호수에

황금빛 나뭇잎이 떨어지는가?

연인의 과일주에 취하여

짧은 세상에 남을까?

위로 태양이 있는 세상에

델을 함께 나누어 덮으며 지내고 싶구나.

가슴이 뛰도록 흔들리는 꽃이여

참으로 늦게 피었구나.

헤르렝의 허더 섬

푸른 물결 같은

연무와 신기루

만나고, 헤어지는 듯한

크고작은 산들

흐르는 장가의 가락 같은

부드럽고 흰 바람

연속되는 생각의 고리처럼

넓게 펼쳐진 강물

헤르렝*의 허더 섬……

……비가 많은 달의 꽃들은

호오르를 연주하는 듯 한들거리고,

감추어진 옛 역사의

페이지처럼 나풀거린다.

"오르도스가 터 잡고 살던 곳"은

지금 정확히 어디인가?

많고, 많은 휘장과 천막은

여기에 있었을까? 저기에 있었을까?

걸어서 밟을 때 풀들은 묻고

수세기 전에 어떤 누군가 물었으며,

빛 바랜 역사의 사서들이 붓과 벼루를 가지고

머물러 앉을 사이도 없이 초상과 그림을 그리던 곳.

돌아가지 않는 역사의 진실이 오늘 다시 깨어나고 있다.
어머니 어엘룽이 웃고울던 곳
대왕 칭기즈가 장부가 되어, 힘을 겨루던 곳
명궁수들이 과력을 늘어놓고, 오오해*를 부르며 지나던 곳
고대 역사 속의 허더 섬이 오늘 되살아나고 있다.
잠시 조는 듯 삐죽이 솟아 흔들리는 델룽*
꿈을 꾸는 듯 흐릿한 바양올랑*
심장 박동 같은 아름다운 몽골의 글자체로
사방의 시선을 한 몸에 안으며 깨어나고 있다.
유승차강 술드*는 느리고 부드럽게 나부끼고
세상 만민의 귀에 몽골 비사를 큰 소리로 말할 때,
평범한 하나의 섬이 세상을 놀라게 한다.
예지의 선봉의 관(冠)이 되어 마음에 새겨진다.
당쉭 나담*의 말과 말들의 끈이
                먼지 속에서 우뚝 솟아 흔들리는 듯
다야르 다르항 챔피언의 날갯짓에 놀라는 듯
감추어진 역사를 간직한 '허더 섬'은 잠시 몸을 일으키고,
바다는 수많은 귀를 장식하고 깨어나고 있다.
시간을 지배했던 위대한 인물의 작품이 생겨나
번개와 우박이 있던 시대를 모든 세상에 알리고,
청사에 빛나는 몽골 비사를 영원케 한 섬,

앞으로 계속되는 수세기 동안 읽힐 '허더 섬'이 깨어나고 있다.

* 헤르랭: 몽골 서북부로 흐르는 강.
* 오오해: 활경기에서 과녁을 맞혔을 때 판정원들이 외치는 소리.
* 델롱: 칭기즈 칸이 태어난 곳.
* 바양올랑: 헨티 아이막에 있는 높은 산.
* 유승차강 술드: 흰 종마의 갈기 혹은 말총으로 만든, 아홉 개의 대가 있는 국가 기장.
* 당윽 나담: 제1대 종교 지도자였던 자나바자르의 건재를 기원하는 의미에서 3년에 한 번, 후에는 1년에 한 번씩 벌어졌던 국가적 축제.

한 줌의 흙

손가락으로 집어 손바닥에 놓고 보면
황금으로도, 쇠로도 보이지 않는 소량의 흙
가슴에 집어놓고 보면
황금도 분명하고, 쇠도 분명한
생명의 값진 흙.

조국의 땅에서 하나의 모래알이 날리면
왕의 법으로 처형되던 때가 있었다. 그것은 옛 시대의 습속.
조국의 땅에서 흙을 떼어내주지 않으면
왕의 얼굴이 일그러지게 된 때가 왔다. 이것이 오늘날의 세태.

체. 다욱도르찌 Ч. Дагвадорж

1

국립대학 교수, 어문학 박사, 문학연구가, 비평가, 시인인 다욱도르찌는 1942년 헙스골 아이막 터브 머렁 시(市)에서 목자인 처이수렝의 맏아들로 태어났다. 1950년 헙스골 아이막 아르볼락 솜 초등학교에 입학하여 공부한 이후 1954~1961년 헙스골 아이막 머렁 10학년 중학교, 1961~1966년 국립대학을, 1978~1980년 몽골 국립과학연구소 부속 연구과에서 수학하고 졸업하였으며, 1981년 '몽골 현대 문학에 있는 노동자 계급 형상의 발전'이라는 주제로 어문학 부박사 학위를 받았다. 1966년 교수가 된 이후 현재까지 36년간 중학교 교사, 잡지 기자, 국립과학연구소의 어문학연구소에서 학술연구원, 몽골 백과사전 집행위원장, 몽골 작가협회의 비평-연구위원회 고문, 국립대학 교수로 재직하고 있다. 체. 다욱도르찌는 문예 비평 및 연구 활동을 35년간 해오고 있으며, 그가 교수 활동에 매진한 것을 높이 평가하여 1997년 프로페서르 직위가 수여되었다.

시집으로는 『진달래꽃 시선』(1988), 『바다의 맑은 바람 시선』(1990), 『어머니』(1992), 『마음의 연인』(1992), 『한 줌의 흙』(1992), 『북아메리카의 가을』(2000), 『버그드 산의 신기루』(2002, 노래 선집) 등 아홉 권의 시집이 있으며, 비평집 및 연구서로 『책에서 생겨난 상념』(1977), 『시대·작품·비평』(1987), 『예술 비평에 관해』(1975), 『몽골 현대문학사와 함께한 작가』 등의 저서가 있다. 그 밖에 몽골 현대 문학의 이론과 문학사를 주제로 한 저서와 단일한 주제를 가진 저서, 대학 교재 등을 저술, 출판하였으며, 수십 편의 학술 논문을 러시아, 영어, 프랑스어로 발표했다. 또 그의 비평과 시 작품이 이탈리아, 폴란드, 노르웨이, 러시아, 프랑스, 중국 등에서 번역, 출판되었다.

그가 시에 구비시의 전통을 이어 자신만의 체계를 세운 것은 몽골 대중의 수세기 동안 발전해온 문화를 후세대에 흡수시켜 교육하는 데 중요한 역할을 했으며, 그가 1989년 지은 「어머니」라는 시는 남녀노소를 불문하고 몽골인이라면 누구나 아는 민족의 시가 되었다. 이 시는 노래로 지어졌으며 몽골만이 아니라 서양과 동양의 경계선을 넘어 널리 불렸다. 1992년 몽골 민족자유작가협회상, 1999년 몽골 문화공훈상을 수상했다.

2

다욱도르찌는 '사랑의 시인'이라고 불러도 좋을 만큼 그의 시는 자연과 인간에 대한 사랑을 기본 정조로 하고 있다. 때로는 이 둘이 혼합되고 짜이면서, 자연이 한 배경 또는 비유적인 심상으로 사용된 시들도 있다. 「돈드 오하의 가을」은 몽골의 전형적인 시골의 가을 풍경을 배경으로 짝사랑했던 연인의 결혼 소식으로 가을의 쓸쓸한 서정성을 더욱 깊게 하는 한 폭의 그림 같은 시이다. 「내 마음의 비 속에 꽃핀 센드마」는 시골의 한 청년이 나이를 먹어가는 시간적 추이 속에서, 동네 한 소녀가 성숙한 여인으로 성장해가는 것을 바라보며 사랑을 느끼게 되는 심리적 과정을 서정적으로 묘사한 시이다.

고향에 대한 그리움과 어머니에 대한 그리움은 인간 누구나가 느끼는 향수로 「어린 시절의 은방울」에서는 고향의 강을 떠올리면서 함께 강을 바라보던 어머니, 고향의 정경, 동네 할아버지의 자상한 교훈의 말씀을 회상하고, 늘 듣고 살았던 은방울 소리로 어린 시절과 고향에 대한 그리움의 여운을 남기고 있다.

그의 시는 두운과 정형적 율격에 의한 리듬감으로 음악적 요소가 매우 두드러지는 특징을 갖는데, 「어머니」는 그러한 특징을 가장 잘 보여주는 시이다. 번역상 두운 및 음보의 정형성을 제대로 살리지 못하고 있는데도 불구하고, 시적 리듬감과 회화적 심상, 의미적 요소가 비교적 잘 조화되어 어머니에 대한 그리움을 절실하게 느끼게 하는 시이다. 이 시는 노래로 지어져 몽골 전 지역에 회자된, 몽골인의 노래가 된 시이다.

시인은 인간이 경험할 수 있는 다양한 사랑을 주제로 하여 많은 시를 지었는데, 그 가운데 아내에 대한 사랑을 노래한 시로 「잔잔한 델게르 강」 「백날도 피지 않은 나의 꽃」이 있다. 「잔잔한 델게르 강」에서는 아내를 델게르 강에, 아내를 사랑하는 시적 자아를 델게르 강을 그리워하며 달려가는 측대말에 비유하여, 몽골의 이미지를 살리면서 주제를 효과적으로 표현한 시이다. 이 시들의 기본 정조는 아내에 대한 사랑이지만 또 무상한 시간의 흐름을 하나의 축으로 하여 유한한 아름다움과 사랑에 대한 아쉬움이 표현되어 있다.

또 다른 사랑의 노래로, 사랑했던 여인에 대한 염려와 보이지 않는 그리움을 노래한 「지루할 수 없는 세상의 빛이여」, 예전에 사랑했던 여인에 대한 그리움과 우연한 마주침, 이루지 못한 사랑에 대한 회한을 노래한 「마음이 흔들리던 날」, 이루지 못한 사랑이지만 언제나 마음속에서 함께 살아가는 여인에 대한 노래 「아침마다 당신은」 등은 모두 인간의 보편적인 정서인 사랑을 주제로 하고 있다. 「아침마다 당신은」에서는 몽골의 일상생활을 시적 배경으로 삼고 있는데, 1연에서는 아침이 되면 가장 먼저 게르의 환기구 덮개를 여는 일로 시작되는 모습, 2연에서는 게르의 중심에 있는 화로(갈걸럼트)에 불을 피우는 일, 3연에서는 차를 끓여 식구들에게 따뜻한 차를 마시게 하는 일, 이렇게 아침의 일을 마치고 4연은 오후, 5연은 하루의 일과를 끝내고 잠자리에 드는 밤의 정경을 묘사하고 있다. 시적 화자의 여인은 이러한 현실적인 생활을 함께하지 않지만, 마음속에 머물러 하루의 일상을 늘 함께하며 인생의 어려움을 넘게 해주는 생명과 기쁨의 원천으로 형상화되고 있다.

그의 시에는 죽을 때까지 사랑을 갈망하고 사랑을 실현해가고자 하는 화자들이 적지 않게 등장하는데, 「아! 너와 나를 신께서 보셨네」에서는 늦은 나이에 찾아온 사랑을 신의 섭리에 의한 운명으로 받아들이고, 사랑으로 인해 세상의 괴로움이 기쁨과 환희로 전환되는 경이를 노래하고 있다. 「가슴이 뛰도록 흔들리는 꽃」에서도 같은 주제를 담고 있지만, 운명적으로 만난 연인을 마음껏 사랑할 수 없는 현실적 제약과 그 갈등을 묘사하고 있다. 「물새」에서는 늦게 만난 사랑에 대한 아쉬움을 돌아갈 시간이 된 철새에 비유하고, 돌아가야 할 시간에 만난 늦은 사랑이라 해도 그것은 삶을 아름답고 부드럽게 하는 생의 효소, 삶 에너지의 원천이라 보았다. 「차례로 마른 풀이 되는 세상이라는 시의 장」 「마음」에서는 유한하고 무상한 인생에 대한 허무함을 느끼지만, 그러한 인생이 의미 있을 수 있는 이유는 그 속에서 진정으로 소중하게 각인되어 있는 사랑 때문이라고 노래했다. 「당신은 내게 항상 시를 말해줍니다」에서 시인은 사랑으로 살고 사랑으로 괴로워하며, 사랑을 통해 삶이 가능해지는 사랑지상주의를 압축적인 시상으로 보여주고 있다.

그는 이러한 사랑을 주제로 한 시 이외에 역사적 의식을 보여주는 시를 썼는데, 「한 줌의 흙」에서는 조국에 대한 사랑을 국토의 흙으로 구체화시켜 표현하고 있다. 시인은 흙에 대한 태도를 과거와 현재로 대조시켜 현대에 이르러 조국의 땅을 함부로 생각하는 정치적 세태를 비판한다. 조국의 자연, 흙에 대한 애정은 몽골인의 보편적인 정서의 하나라고 해도 과언이 아닌데, 이 시에서는 이러한 몽골인의 태도를 보여준다. 「헤르렝의 허더 섬」

에서는 어둠 속에 묻혀 있던 칭기즈 칸에 대한 역사가 새롭게 부활되고 있는 것을 칭기즈 칸이 활동했던 역사 공간 허더 섬이 오랜 잠에서 깨어나고 있는 것으로 비유해 표현하고 있다. 사회주의 시대에 입에 담을 수 없었던 조국의 위대한 영웅 칭기즈 칸이 시대가 바뀌면서 민족의 가슴 속에서 되살아나 몽골 역사의 영원한 자존심이 될 것을 노래한 시이다.

다웅도르찌는 여러 차례 한국을 방문하면서 한국의 자연과 풍속을 흥미롭게 바라보고, 그 느낌을 시심에 담았다. 몽골에서는 구두를 벗지 않고 생활하는 습속이 있다. 물론 도시 생활을 하며 신발을 현관에서 벗고 실내화를 갈아 신는 습속이 생기기는 했지만, 몽골의 전통 가옥인 게르 생활에서는 구두를 벗지 않고 생활하는 풍습이 있다. 도시 아파트 생활을 하면서도 구두를 신고 생활 공간을 마음껏 돌아다니는 사람들이 지금도 얼마든지 있다. 그가 한국을 방문하여 음식점에 갔을 때 신발을 벗고 방에 앉아 음식을 먹는 광경은 매우 인상적이었던 것 같다. 이러한 인상을 「신발」에서 보여주는데, 벗어놓은 신발을 통해 그 신발 주인들의 삶을 어린아이 같은 상상력으로 바라본 시이다.

또 나무가 많고 나지막한 충청도의 산을 흥미롭게 바라본 시 「한국의 산」, 바람 많고 물 많은 제주도에 가서 조국에 있는 연인을 그리워하며 노래한 시 「제주의 싱그러운 바람」 등은 모두 한국에서 느낀 인상과 정서를 표현한 시이다. 「제주의 전통 차」에서는 몽골과 한국의 역사적 관계를 차를 통해 연상해 묘사하고 있다. 춥고 건조한 몽골에서 차는 생명수와 다름없는 매우 중요한 음료일 수밖에 없다. 손님이 오면 먼저 차를 내온다. 하루의 일과를 차 끓이는 일부터 시작한다. 어떤 경우에도 차는 몽골 생활에서 빼놓을 수 없는 몫을 한다. 제주에 갔을 때 차를 마시면서 한국과 몽골의 친족 관계, 조국을 그리워하는 향수를 느낀 것은 모두 이러한 몽골인의 차에 대한 정서를 배경으로 하고 있다.

째 · 사롤보잉

등
아버지와 말
엄마와 둘이서 물 길러 간다
초원 1
초원 2
말
가을
구름
저녁
어머니는 솔에 태양을 쏟아 부으신다
어머니, 용서하셔요
사슴의 소리
덤벼
절굿대
항아리
잠자고 있는 아름다운 여인
나의 헤르랭
밤의 아름다움
만남

등

"쌓아올리고 있는 풀이
무너져 내리니 허술하게 쌓지 마라."
아버지께서 이르시던 진지한 말씀.
처음 나는 내 들보를 기울게 하지 않았다.
아버지의 이 교훈의 말씀을 나는
늘 생각하며 살아간다.
남자의 대들보를 나는
실수 없이 올곧게 받들며 산다.
조국을 위해 애쓰다가
이 육신의 등이 꺾어진다면 꺾어지게 하라!
닳고 약해져가는 생애 동안
남자의 등이여, 흔들리지 말라.
아버지 아들의 대들보!
알타이, 항가이, 헹티 산맥!
어린 시절, 이것을 이해한 것은
늙으신 아버지의 지혜의 공로.

아버지와 말

아버지의 델을 덮고 자면
밤새 말냄새가 난다.
말들을 몰고 초원에 간 것처럼
평온하고 행복한 마음이 솟구쳐 오른다.
드넓은 초원을 질주하며 선잠이 든다.
헨티의 나담에서 우승하는 꿈을 꾼다.
거울같이 환한 이마를 반짝이게 한
우승이 확실한 나의 밤색 말이
선두로 들어온 것은
내 어린 시절이었다.
지금 나는 수도의
고층 아파트에서 편히 지낸다.
늙으신 아버지의 복된 운명을
도시의 좋은 것들로 소모하며 산다.
한겨울이 따뜻하다고
늙으신 아버지를 부른다.
편히 행복하게 지내시라고
새털 베개와 부드러운 침대를 준비한다.
여인네와 아가씨의 분
그윽하게 향기나는 어떤 것보다 더 좋은
경주마의 냄새.
아버지의 델에서 말냄새가 난다.

순결한 나를 일으켜 깨운다.
벌써 성인이 된 나
아버지의 말 잡는 장대를 물려받지는 않았지만
평범한 정신을 이어받았으면 하고 바란다.
아버지의 델을 입고 걸으면
말들 사이로 가는 것 같다.
길들이지 않은 황갈색 말이 고개를 흔들며,
입에 재갈 물리는 것을 기뻐하는 듯.
화살처럼 달려가
다른 말과 나란히한 적이 없다.
쏜살같이 달려가
앉은 몸은 피로를 느낀다.
양쪽으로 잘 손질한 갈기는
술 장식처럼 아름답게 보인다.
바람의 성대음을 내는 머리털에서
야생의 초원은 더욱 넓어진다.
먼 산들처럼 색이 바랜
아버지의 델을 걸치면
멀어져간 세월들이
가까이 다가오는 것만 같다.

엄마와 둘이서 물 길러 간다

모래가 있는 작은 길
수레바퀴가
길들이지 않은 말에 당긴 뱃대끈처럼 세게 조여지고
울퉁불퉁한 길에서는 가끔씩 헐거워진다.
앞서가는 황소의
눈물 어린 눈에는
저 앞에 있는 산이 겹으로 보인다.
천천히 떨어지는 몇 방울의 눈물방울로
이어진 산들의 반은 넘은 듯하다.
엄마와 나는 물 길러 간다.
화난 사람의 얼굴처럼 붉어져
헐떡이며 거품 이는 강을 보면서 엄마는
물 건너편으로 가신 네 아버지가
물이 붇기 전에 건너오셨으면 좋겠는데! 라고 하신다.
엄마와 나는 물 길러 간다.
엄마가 말에게 물을 먹이는 동안
나는 모래밭 가운데로 달린다.
하루 종일 말이 발길질을 하여
풀이 제대로 자라 있지 않은 곳.
둥지도 없고 집도 없는 잔돌만이 있는 곳에
두 개의 밝은 회색빛 알.
깨지거나, 해를 당하지도 않고 둥글다.

엄마에게 와서 말했더니
동물 새끼의 운명은 정말 복된 것이야……라고 하신다.

초원 1

초원은 사방으로
허리가 굵으신 아버지의 델을 펼친 듯
달은
사방으로
밝게 빛나는 눈처럼 빛을 흘리고 있다.
초원과 내가
마음껏
뛰고 뒹굴 때면
야생 달래 내음이 난다.
교태를 부리며
실을 짜는 듯한 달빛이
장미꽃잎 같은 부드러움으로
마음을 관대케 하며 어루만질 때
나는 이 순간 세상에서,
음력 십오일
보름달 밤.
나의 초원에서,
초원처럼 평온하고 관대해지며
쟁반같이
짙은 황금빛 달이 되어 굴렀다.
구르고 또 굴렀을 때 달은 물을 머금고 흔들리며
제 몸의 빛을 아낌없이 베풀어준다.

아주 오랜 세월
나를 기다려나 준 것처럼
자애로운 마음의 심지에
베푸는 사랑의 감각을 환히 밝힌다.
아주 천천히 약해져가는
황금빛 젖 같은 달빛들.
연인의 손가락처럼
부드럽게 약해지며
밤의 천신에게,
아침의 이슬처럼 반짝이며
빛을 발하고 떠나갔다.
한순간
달이 된
복된 생의 찬가.
단 한 번의 운명적 만남으로
세상사를
달에 싣게 했다.
저것을 보라
반점이 있는 흰 달.
마음속 깊이 환한 빛을 발하며
마음에서 나오지 않는 여인처럼
미소짓고 있는 것은 무엇 때문일까?

초원 2

초원
끝도 없이 광활한 들녘
곡식처럼 물결치는 신기루
힘든 노동을 끝내달라고
사람들은 우리를 불렀다.
초원에서 우리는 곡식의 바다를 헤치며
트랙터와 콤바인으로 곡식을 날랐다.
드넓은 초원, 먼 곳의 푸른 천막이
푸른 스카프처럼 나부낀다.
광산을 만드는 큰 작업에 우리를 불렀다.
곧 도착한 광산지
멀지 않은 초원의 시
그곳에
하늘처럼 위엄 있고,
산처럼 웅장한
거대한 기계들.
산과 초원을 뒤흔들며,
광석을 솟구쳐 오르게 한
초원 사람인 우리는
초원을 장식한다.
세상에도 우리 초원
먼 곳에 이름이 나고,

초원과 함께 우리는
먼 곳에 이른다.

말

북쪽 길은 바위도 있고 돌도 있는 험한 길.
사랑하는 네게 설레는 가슴으로 가쁘게 달려간다.
재갈을 당겨 방향을 인도해도 안 해도 마찬가지
북쪽의 이 길을 말은 실수 없이 잘 안다.
남쪽 길은 모래와 먼지가 많은 길.
천진스런 네게 설레는 가슴으로 가쁘게 달려간다.
고삐를 당겨 방향을 인도해도 안 해도 마찬가지
남쪽의 이 길을 말은 실수 없이 잘 안다.
산길은 언덕바지 내리바지.
운명적인 네게 설레는 가슴으로 가쁘게 달려간다.
긴 가죽 고삐를 당겨도 당기지 않아도 마찬가지
산의 이 길을 말은 실수 없이 잘 안다.
초원 길은 끝도 없이 광활한 길.
사랑스런 네게 설레는 가슴으로 가쁘게 달려간다.
채찍을 치거나 안 치거나 마찬가지
초원의 이 길을 나의 말은 실수 없이 잘 안다.

가을

쇠똥을 담는 수레의 커다란 상자에 앉아
겨울 영지로 들어가는 가슴 부푼 즐거움.
형은 하루 종일 쇠똥을 싣고, 초원의 잡풀을 베어낸다.
집에서 멀리 떠나가는, 나는 어른
순진무구한 마음은 축제에 가는 것처럼 들뜬다.

* 이 시는 가을이 되어 겨울에 이동할 영지에 미리 가서 쇠똥을 준비하고 주변을 정리하는 생활 풍속을 그리고 있다.

구름

구름떼가 이동한다.
끊임없이 떠오르는 상념의 안내자
구름떼가 이동해 간다.
산 능선을 넘는 길처럼
푸르른 산들 저편에
구름떼의 이동은 계속된다.
나는 이동한다.
몸으로 떠간다.
구름은 남고
산은 멀어진다.
촌락의 연통에서 피어오르는 연기
비단 리본처럼 퍼지는 햇살이
멀어져간다.
나는 이동한다.
몸으로 떠간다.
감은 눈에 형형색색으로 빛나는
수천 개 무지개의 퍼짐
천신의 위대한 무심.
어린양 같은 뭉게구름의 초지에서
나는 구름떼를 몰고 이동한다.
나는 이동한다.
몸으로 떠간다.

위를 바라보고 눕는다.
나의 시는
구름에서 떨어지는 물방울.

저녁

너와 만나고 돌아올 때 나는
저녁을 몸에 걸치고 천천히 걸었다.
저녁의 어두운 외투는
너를 떠나는 슬픔.

어머니는 솥에 태양을 쏟아 부으신다

어머니는 솥에 태양을 퍼올렸다 쏟아 부으시며
회색빛 나무 그릇에
만들어진 황금의 햇살을 따르신다.
태양 젖을 마실 때
두 볼에 태양이 알을 낳는다.
어머니는 아침마다
태양의 우름을 걷어내셔서
내게 주신다.
나는 아침 일찍 일어나 태양을 모으고,
어머니는 젖을 짜신 후, 태양을 줄에 묶어
벌득* 고개에 넘겨 풀을 뜯게 하신다.

* 벌득: 고개명.

어머니, 용서하셔요

강 같으신 어머니 용서하셔요.
가슴속 두근거림, 생명의 뜨거움이 숨쉬는,
나를 아프게도 하고 기쁘게도 해온 어머니-말씀이여 용서하셔요.
가정의 화로를 받친 어머니-흙이여 용서하셔요.
내 말이 곱드러질 때 어머니 당신을 부릅니다.
소망의 먼 그곳에서 아들인 저를 용서하셔요.
좋은 지위로 살아갈 때 어머니 당신을 잊고 지냅니다.
혼란스럽고 힘들 때 어머니 당신을 부릅니다.
행복 가운데 취해서 어머니 당신을 잠시 잊습니다.
액자 속 당신의 초상화를 눈물 어린 시선으로 응시합니다.
내 힘으로 지금까지 살아온 듯 가슴을 우쭐거리며, 여인들과 즐기고
부모 없이 물가에 떨어져 태어난 것처럼 성질을 부려댑니다.
눈 덮인 드넓은 초원을 질주할 때 어머니 당신을 잊습니다.
길돌에 곱드러져 말에서 떨어질 때 어머니 당신을 부릅니다.
오가는 사람들에게 걸림돌이 된다며
큰길의 돌을 주우며 가시던 어머니가 생각납니다.
공동묘지, 그곳 작은 공간 속에 당신은 잠들어 계십니다.
당신의 이름을 뚜렷하게 새기지도, 비석을 잘 돌보지도 못했습니다.
옛 몽골 풍습으로 돌아가지 않는다고 하는데

어머니 당신은 저를 찾아오고 계십니다.

추위에 떨고, 더위에 목마를 때 어머니 당신의 가슴을 더듬습니다.

그러면 당신은 제게 오셔서 따뜻한 젖을 먹이며 돌보아주십니다.

시기하는 무리 가운데 삶을 다툴 때 어머니 당신을 부릅니다.

아! 그들은 당신을 두려워하며 사방팔방으로 도망칩니다.

부를 때마다 어머니 당신께서는 은혜를 베풀어주시고,

소리도 없이 침묵으로 돌아가십니다.

피곤에 지친 세상 고통 속에서 당신을 부릅니다.

마음의 끈과 노래가 미치지 않는 멀고먼 곳에 당신은 계십니다.

나의 말이 곱드러질 때 어머니 당신을 부릅니다.

소망의 먼 그곳에서 아들인 저를 용서해주십니다.

어머니! 하고 부르는 모국어 속에 당신은 스며들어 계시고,

와주세요! 하고 당신을 갈망케 하는

자애로움의 무한대 속에 당신은 계십니다.

사슴의 소리

크고 아름다운 사슴 소리는
짧은 수명을 늘인다고 한다.
황금 부레*의 은 취구를
입에 물고 산다고 했다.
사슴돌* 옆에서
늙으신 아버지께서 하신 말씀.
서쪽으로 사슴과 나란히 선 알타이 산맥은
담황색의 커다란 사슴 모습을 닮았다.
열세 개 산줄기로 전해져
노래하며 메아리치는 고대의 함성이 있다.
동쪽으로 사슴과 나란히한 헨티 산맥은
돌아다니다 선 사슴의 모습을 하고 있다.
스물세 개의 골짜기로
암사슴이 가볍게 뛰어다닌다.
사슴돌 옆에서
아들이 생각한 고향은 이것.
커다란 사슴이 소리를 낼 때
알타이 산맥이 그 소리를 들었다고 아버지는 즐거워하셨다.
열세 개 산줄기를
편히하려는 것이라 했다.
야생 사슴이 소리를 낼 때
헨티 산맥이 소리를 들었다며 아버지는 생각에 잠기셨다.

스물다섯 개의 골짜기에
위험한 적을 없게 하려는 것이라 했다.
산맥의 산들이 소리를 주고받으며
반점이 있는 담황색의 사신을 보낸 것
어느 고대의 사슴돌들이
대답을 하며 소리를 주고받았다.
알타이 산맥의 사신을 앞서 맞이해 놀라게 하지 말라.
검은 발자취의 위험에서 지켜 무사히 가게 하라.
사슴돌이 소리를 내면, 더욱 고무된 소리를 내는 사슴돌들은
사려 깊은 선조들의 앞발 끝이 닿을 만큼 먼 곳에 소리를 전
했다.
조상의 할아버지는 깊은 생각에 잠겨
자신의 무릎을 의지해 독수리같이 앉아 있다.
헨티 산맥의 사신을 저주하며 쏘지 말라.
검은 발자국의 틈새로 몰아넣으며 쫓지 말라.
팔십이 될 때까지 살고 싶어,
가을의 서늘함을 느끼고 싶어,
담황색 사슴의 우는 소리를 들으며
떠나간다면 좋을 듯.
자신의 병 때문이 아니라 자손을 생각하며 소망하는 노인들은
나이 든 사슴 소리를 기다린다고 한다.
그 소리를 한번 들었다면

떠나가는 시간도 잊는다고 한다.
사슴돌들은
태양과 달의 관을 쓰고,
먼 고대인들을
믿음으로 데리고 간 초월적인 힘을 가지고 있다.
밝고 화창한 가을로 오는
커다란 사슴의 소리에는 이유가 있다.
자식을 생각하는 사려 깊으신
부모님의 축원에는 마법적인 힘이 있다.
사슴돌 옆에서
아버지와 나는 떠났다.
말에서 내리고 떠나는 그만큼의 너비에
세상은 감동이 있다.

* 부레: 관악기의 한 종류.
* 사슴은 고대 몽골의 토템으로 사슴돌의 사슴은 죽은 이를 원래 고향으로 데리고 간다고 믿었다.

덤버

찌그러지고 낡은, 할머니의 덤버 주전자
게르 안쪽의 궤 위에 모셔져 있었다.
주조된 두 개의 은 띠둘레는
두세 가락의 줄을 엮어 꼰 것처럼 약하게 흔들렸다.
송아지가 있는 초지에도 가지 못하고
계속 끈에 묶여 있는 낙타 새끼처럼
화로 옆에서 멀리 떠나가본 적이 없는
회색빛 덤버 주전자가 오늘
부처님과 나란히 앉아 있는 것은 무엇 때문일까.
진한 차와 옛이야기로
이웃 노인들을 하루 종일 묶어놓는
백발이 되신 할머니의
얼굴 모습을 떠올리게 하는 것은 무엇 때문일까.
이 덤버 주전자는 평범한 물건이 아니다.
터찔* 장인의 손재주에서 만들어진
정교한 형태의 덕스런 그릇.

* 터찔: 20세기 초에 살았던 유명한 장인.

절굿대

여름집 근처의 서늘한 산비탈
절굿대*가 가득히 피어 푸르게 보인다.
여름을 지내지 않고 가을과 만난
계절의 모습을 사람들은 놀라워한다.
여기저기 드문드문 보이는 겁먹은 학 새끼처럼
위로 고개를 쳐들고 가볍게 흔들리는 사랑스런 식물을
할아버지 시대부터 이름해온 것은 귀족의 찡스*
오늘날 우리가 본다면 가시 있는 하나의 식물
가문도 없으면서 찡스 지위를 얻고
천신의 가호 속에 귀족으로 살아간 나의 할아버지
푸른 유리로 된 찡스와 목을 바꾸어 해를 당한 것*이
시골 초원에 자란 이 식물을 볼 때마다 떠오른다.
높이 매단 귀족의 많은 모자 장식
옛 시대 무덤의 기념물이라는 생각.
조상의 머리에 칼을 대게 한 죄를 우리는
모른다, 어쩔 수 없었다고 변명하며 초조함을 푼다.
의관(衣冠)의 예를 잃은 것을 애써 아무렇지도 않은 척하고
역사 공간을 거짓된 기록으로 가득 채운다.
봄, 가을은 여름을 눌러 짧게 하는 것처럼
알량한 진실이란 아첨하는 자에게 아부한다.
깨져 부서진 유리로 된 모자 장식의 파편 같은 식물을
스쳐 지나가는 말들이 모두 먹어버렸다.

여름집 주변의 서늘한 산비탈에
절굿대는 하나도 없다.
여름을 맞지 않고 가을과 만난
계절의 풍경을 이같이 말한다.

* 절굿대: 국화과의 여러해살이, 엉경퀴와 유사한 식물.
* 쩡스: 만주 시대 유리나 산호 등으로 관직을 나타내던 모자 장식.
* 1937년에 있었던 불순 분자, 불온 사상자 숙청 사건을 이르는 것.

항아리

곡식을 보관했던 항아리의
부서지고 흩어진 조각이 우아한 진열장에 놓여 있다.
이리저리 맞추어 붙여놓은 것을 얼핏 보면
심장 모양을 가지고 있었던 것 같다.
옛 선조들의 그릇을 넣는 찬장 주변에 있었던 이 항아리가
현대 우리의 역사 앞에 등장했다.
7세기 때 물건이라고 한다.
전설적인 칭기즈 칸이 쓰던 물건이라고 하는 것은 억지.
그 옆에 앉아 있는 여자 안내원
무심한 시선에 마주친 것은 흥미로운 일
전시물을 그저 지키는 대신 무언가를 뜨고 있다.
가게에 가서 점원을 했더라면 좋았을 것을!
어느 시대의 것인지 누가 알았을까
깨어져 조각난 이 항아리의 파편들을
누가 무엇을 하려고 가져온 것일까
테두리에 문양이 새겨진 전시함을 지키고 앉아 있는 건가.
정말 희귀한 물건이에요, 이 항아리는
잘 보시면서 감상하세요 하고 아가씨가 친절을 보인다.
부드럽고 다정한 태도에 감동해 잠시 멈추어 보면서
그 내력과 역사를 알지 못한다는 생각에 부끄러움을 느꼈다.
인류에게는 또 귀중한 게 있다면,
아가씨의 아름다움을 항아리에서 처음 발견한 것일 게다.

잠자고 있는 아름다운 여인

잠자고 있는 아름다운 여인을
놀라게 해서 깨우지 말라.
젖은 가지에 생명이 살아오르며
싹이 대지를 밀고 올라오는 것 같고,
겁먹은 토끼 새끼가 꼼짝도 하지 않고 엎드려 있는 듯한
밥공기같이 사랑스런 젖가슴을
갈망하는 눈으로 보지 말라.
땋은 머리는 검게 빛나지만
범람하지 않는 강물결처럼
황금빛으로 반짝이는 것을 유심히 보라.
설화 속의 황금색 머리털을 가진 소녀인가 하며
사실이라 믿지 말라.
특별한 스타일은 아니지만
색깔 있는 치마를 풀밭에 말렸다.
남자의 것같이 소탈한
고통을 맛본 듯한 구두가 그 옆에 누워 있다.
나비의 날개같이
바람에 흔들리는 것을 눈여겨보지 말라.
자작나무처럼 탄탄한 정강이가
젓가락같이 엇갈려 있는 것도 유심히 보지 말라.
그 옆에 누워
펼쳐져 있는 책의 페이지를

가벼운 바람이 때때로 넘기며
한자 한자 글씨를 읽듯 천천히 읽는다.
읽고 있는 책은 사랑에 관한 것일 게다
자고 있는 여인은 결혼하지 않았겠지
얼굴을 마주하고 사귀어야지 하고 생각하면서
그녀의 남편이 되어야겠다고 결심했으면
화가의 붓의
마법적인 힘으로 그린 것 같은
존귀한 이 여인을
행복한 꿈에서 이별케 하지 말라.
잠자고 있는 이곳에서
역참 반의 거리
소나무 숲 근처에
평이한 나무집이 있다.
이 여인은 그곳에서 산다.
책의 글자를 훔친
바람의 아들의 속살거림으로
끌고 가는 말의 안장을 채운다.
사랑스런 여인의 집으로 가라.
그녀의 늙으신 아버지를 위로하며
이야기와 시로 즐겁게 하라.

활과 화살통을 메고 가서*
잘 돌려 이해시켜라.
반백이 된 그녀의 어머니가 끓이신
쌀이 든 차를 마시며 머물러 있어라.
돌아가려고 나갈 때
여인이 너를 배웅해줄 것이다.
혼자 가서
   먹을 감는 그곳에서
만나자고 약속하라.
손이나 몸을 만지지 말고
그저 떠나라.
도시의 여인들과 같은 그 여인
제시간에 오지 않을지도 모른다.
멀고가까운 곳을 돌아보기 위해
가버렸을 수도 있다.
아주 한참을 기다려서
진달래꽃 향기에 취하고
과일주에 취한 것처럼 쓰러져버렸어도
잠들어 있는 너를
약속한 여인은 깨우지 않을 게다.
마음에 무언가를 생각하고

몰래 돌아서 갈 게다.

* 활이 전통 결혼 의식 때 사용되는 것을 통해 결혼 약속을 암시적으로 말한 것.

나의 헤르렝

내 어린 시절
작은 갈색 말은
나를 속이며 빨리나 달리는 듯 따그닥거리고
부드러운 자장가를 불러준 나의 헤르렝.
출렁이며 흔들리는
맑고 투명한 너의 물 속에
가을의 쓸쓸함
봄의 즐거움을
보내고 맞은 내 마음.
내가 처음 사랑을 만났을 때
우리 사이로
겁먹은 듯 도망치며 반짝였던 헤르렝 너.
물속에 들어갈 때 서로의 몸을 부끄러이 여기며
앞뒤 물가에서
서로를 바라보며 즐거워한
지순하고 맑은 사랑을 안다.
아름다운 여인의 자태가 있는
모든 것을 남몰래 기뻐하며
거울 같은 수면을
흘깃 바라보며
허리띠를 단단히 매고 있을 때
믿음이 마음속에 스며들었다.

헤르렝과 나를
무한히 사랑했던 나의 연인.
남자답게 근육이 단단해지고
장부다운 굵은 목소리를 갖게 되면서
「헤르렝깅 바리야」*를 노래할 때
끊임없이 이는 수많은 출렁거림으로
음이 꺾이는 곳을 일일이 가르쳐주던 헤르렝 너.
부모님 곁에서
어린 깃을 자라게 하고
삶의 큰길에
처음으로 발을 내딛을 때
기운찬 갈색 말의 달음질로
나란히 질주하며
노래와 사랑을
추억으로 남긴 헤르렝 너.
아주 먼 여행길에서 서둘러
헤르렝 네 물가로 돌아올 때
여행의 먼 길에 목말라하는 말이
재갈을 푸는 동안 물을 맛있게 먹고
먼 초원의 지평선을 응시하며
숨을 크게 내쉴 때
아, 나는 많은 것을 생각한다.

내 어린 시절
작은 갈색 말이
나를 속이며 빨리나 달리는 듯 따그닥거리고
부드럽게 자장가를 불러주던 나의 헤르렝
출렁거리며 흔들리는
맑고 투명한 너의 물 속에
생의 사랑
젊음의 기쁨을 가라앉혀 머물게 한
내 마음.

---

* 「헤르렝깅 바리야」: 고향의 아름다움에 대한 사랑을 주제로 한 노래.

밤의 아름다움

아름다운 여인의 희디흰 가슴 같은
달이 구름 저편에서 보일 듯 말 듯
마음껏 사랑했던 입술 자국 같은
거무스름한 회색 반점은 연인의 것과 마찬가지
사랑의 시처럼 물을 가득 머금고 흔들리는 달빛에
소리 없는 산들이 희미하게 보이고
   다리를 묶인 말들은 자주 풀을 뜯는다.
소리 없이 강물은 흐르고
   강가 쪽에서 개구리가 꽉꽉 운다.
이미 참을 수 없게 된 암컷처럼
이상한 소리로 여우가 운다.
그것을 지원이나 하는 듯
칠흑 같은 어둠의 사냥꾼 부엉이가 웃는다.
이 밤을 나보다 더 잘 아는 자는 없다며
혼자 점잔을 빼는 부엉이.
마귀 할머니의 스카프처럼 어지럽고 큰 날개를 펼쳐
이리저리 위엄 있게 날아다닌다.
입 안에서 웅얼거리는 노래를 두려워 말라.
사람이 아니라 부엉이라고 나는 너를 위안한다.
달이 얼굴을 내밀자 내 연인은 미소짓는다.
이제 두려움은 밤처럼 흩어지고,
발그레한 네 얼굴은

거울처럼 투명하다.
유연하게 내게 기운 네 몸은
비단처럼 부드럽다.
가는 붓 같은 손가락으로
옷섶의 단추를 잠그며
지성의 아름다움으로
예민한 내 마음을 떨게 한다.
달은 또 너처럼 부끄러움을 타며
아름다운 빛을 뿌리고 구름 저편으로 숨는다.
스카프 같은 한 점 구름이 한 번 달을 묶고,
또 한 점의 구름 스카프가 두 번 달을 묶는다.
내 연인은 추워 떨고 있다는 것을 숨긴다.
아! 나는 그녀에게 내 렡을 덮어준다.
아름다운 여인의 희디흰 가슴 같은
달은 구름 저편에서 보일 듯 말 듯
마음껏 사랑한 입술 자국처럼
거무스름한 회색빛 반점은 연인의 것과 마찬가지.

만남

가을과 겨울의 경계에
나뭇잎과 눈발이 뒤섞이며 거센 바람이 분다.
생애의 중심, 삶의 정오에
이런저런 생각.
능선을 넘는 말 탄 사람이 멀어져가는 모습을 응시하는 듯
교만한 젊은이는
   자신의 성격을 멀리 보내며 쓸쓸해한다.
숲에서 부른 노랫소리가 끊어지는 메아리처럼
즐겁고 아름다운 시절을 추억하며 앉아 있다.
가을과 겨울의 경계에
우리는 서로를 알았다.
생애의 중심, 삶의 정오에
우리는 만났다.
만난 우리의 운명
계절이 바뀌는 것처럼 기쁨은 또 슬픔.
생의 기운을 돌린
  태양의 리듬
  달의 박동이 있는
  시간의 순환은
  끝없는 세월의 연속.

겨울과 봄의 경계에

겨울 영지 길이 가축의 다리 아래서 녹기 시작한다.
나이가 든 것도 생각지 않고 지낸
여러 해를 돌이켜 생각한다.
작은 길을 따라간 소들이 초지에서 멀어져가듯
해와 달로 멀어져가는 젊은 시절이 마음에 가까워지고
쪼개놓은 장작이 불에 들어가 생을 마치듯
잠시 지나가는 불 같은 때를 생각한다.
겨울과 봄의 경계에
우리는 알게 되었다.
나이가 든 것도 생각지 않고 지낼 때
우리는 만났다.
만난 우리의 운명
남쪽 산비탈에 눈이 녹듯 기쁨은 또 슬픔.
생의 기운을 자랑했던
    태양의 리듬
    달의 박동이 있는
    시간의 순환은
    무한한 세월의 연속.

봄과 여름의 경계에는
오는 시간의 미소가 가득하고
활기찬 젊은 시절을 지나 나이가 들어가면

돌아가는 시간의 깨달음을 더한다.
아네모네를 좇은 염소가 무리에서 떨어져 멀어지는 것처럼
힘찬 젊은 시절은 어디에서 돌아올까?
급하게 소식을 전하러 가는 말 위에서 음식을 먹는 것처럼
일은 먼 곳에 있고, 잠시 머물렀다 지나가는 시간은 빠르다.
봄과 여름의 경계에
우리가 사귄
생기찬 젊은 시절을 지나 나이가 더해가는 때에
우리는 만났다.
만난 우리의 운명
삶은 꽃의 뿌리도 잎도 없었다.
생의 기운을 자랑한
  태양의 리듬
  달의 박동
  시간의 순환
  끝없는 시간의 흐름이 있었다.

여름과 가을의 경계에
돌아가는 시간의 쓸쓸함이 가득하고
즐거움을 잊고, 고통에 아파하는 자는
세상의 진실을 안다.
서둘러 돌아가는 새들의 노래에 아픔을 느끼고

되돌아 그것을 바라볼 마음이 생기지 않는다.
지나간 행복을 오늘 생각할 때 슬픔이 있고,
넓은 세상의
    삶에는 수많은 갈래 길이 있다.
여름과 가을의 경계에
우리는 알게 되었다.
즐거움을 잊지 않고 고통을 견딜 수 있는
우리는 만났다.
만난 우리의 운명은
거짓되고 어리석은 관심이 아니었다.
오래되어 퇴색한 추억도 아니었다.
생의 기운을 돌린
    태양의 리듬
    달의 박동이 있는
    시간의 순환은
    끝없는 세월의 연속.

쩨. 사롤보잉 Ж. Сарyyлбyян

1

보르항 할동의 오리앙해 성을 가진 델게링 쭘페렐링 사롤보잉은 1957년 6월 1일, 헨티 아이막의 이데르멕(현재 바트너러브) 솜, 헤르렝 강가 지역의 통삭그-어워라는 곳에서 목자인 데. 쭘페렐의 맏아들로 태어났다. 사롤은 부모의 손에서 성장하면서 어려서부터 가축을 돌보며 지냈다.

1976년 헨티 아이막 터브의 10학년 중학교, 1976~1980년 국립사범대학의 영화·화가학과에 입학하여 민중 화가인 게. 어둥의 화실에서 공부하였으며, 화가-연구가 전공으로 졸업했다. 1980~1981년 몽골 국립과학연구소의 어문학연구소의 백과사전 편찬 부문의 예술감수자, 학술연구원, 1981~1994년 몽골 라디오 기자, 『민중의 힘』『문예 예술』신문의 문예부원, 『저히스트 아일고』신문사 주간, 1994~1997년 몽골 민속 미술 전시장 책임자, 1997~1999년 몽골 라디오 '종 빌릭' 스튜디오 책임감수자, 1999년부터 『울란바타르 타임스』신문사 사장으로 일하고 있다. 1999년 '고대 몽골 예술의 말의 형상성'이라는 주제로 예술 연구의 박사 학위를 받았다.

쩨. 사롤보잉은 예술, 출판 정보 관련 기관에서 20년 이상 일했으며, 몽골 고대 문화와 역사의 자취를 추적하여 역사의 뿌리 찾는 작업을 해왔다. 또 그는 새 시대 예술의 저명한 지도적 인물들의 전기문, 학술 연구의 많은 저서를 저술하였다. 그 밖에 몽골 최초의 백과사전의 삽화, 그림 장식 책임자로 일했다.

쩨. 사롤보잉은 몽골 말협회, 몽골 말경주위원회, 순록재단 등의 국가 기관 이외에 많은 공공 기관의 부위원장, 위원장, 진행이사회 위원으로 위촉되어 활동하였다. 또 그는 몽골 작가협회 6, 8차 대회의에서 대표자로 참여했으며, 몽골 민족자유작가협회의 제1차 회의를 조직할 때 참여했다.

그는 말 문화를 문학의 여러 장르를 포괄하여 정리하는 동시에 본 주제를 더욱 심화시키는 연구를 하였으며, 그것을 학술 연구의 범주로 끌어올렸다. 그러는 동안 그는 세계적인 말 전문가가 되어 몽골학 연구자들의 국제회의에 말 문화를 주제로 10회 이상 논문을 발표하였다. 문예, 학술 연구, 형상학을 말이라는 단일 주제로 구조화한 그는 전통과 개혁을 조화하여, 말의 형상에 생명을 불어넣고 의인화해 묘사하는 매우 독창적인 화법으로 몽골 정신 문화에 자신만의 독특한 예술적 세계를 구축하고 있다. 그의 시와 그림들은 러시아 연방, 중국, 미국, 일본, 이스라엘, 유고슬라비아, 투르크멘 등 20여 개국에서 소개되었다.

시집으로 『헝거르졸』(1983), 『아내』(1990), 『연인』(1991), 중·단편집으로 『사건의 결과』(1990), 『어머니의 특별한 자식』(1992), 설화로 『어르길찡 영웅』(1992), 역사·민속 연구서 『헝거르 지방의 문화유산』(2000), 『항 헨티 산의 천신제』(2000), 수필집으로 『황금 같은 사람』(2001), 학술서로 『고대 몽골인들의 정신 문화 속의 말 형상』(2002) 등이 있다. 그 밖에 50여 개 이상의 노래 가사를 지었으며 말에 대한 장편 서사시를 창작했다.

2

사롤보잉의 시는 어린 시절의 회상, 자연 속에서 살아가는 삶에 대한 기쁨을 노래한 시와 전통 공예 및 민간 신앙에 대한 관심, 역사적 시각을 담은 자기 반성의 시를 썼다. 그의 시는 다른 시인에 비해 서사성이 강하고, 서사성 안에 시간적 추이에 따르는 주변 환경과 심리적 환경을 섬세하게 묘사하는 특징을 보여준다.

어린 시절을 회상한 시에는 「아버지와 말」 「엄마와 둘이서 물 길러 간다」 「가을」 「나의 헤르렝」 등이 있다. 그는 말에 대해 끊임없는 관심을 갖고 20년 이상 말 그림을 그려왔으며, 말 조련사이자 말에 대한 연구를 계속하고 있는 말 전문가답게 그의 시에도 말이 자주 등장하며 말에 대한 지울 수 없는 애정을 드러낸다. 「아버지와 말」에서는 어린 시절 목자인 아버지의 델을 덮고 잘 때, 아버지 델에서 났던 말냄새에서 느꼈던 평온함과 행복을 도시에서 편리하게 살고 있는 현재와 대비시켜 말과 함께 살아가는 초원 생활에 대한 짙은 향수를 노래하고 있다. 사람들은 흔히 상대방의 냄새로 서로에게 끌리게 된다고 하는데, 냄새는 때로 회상의 매개체가 되기도 한다. 몽골인에게 말냄새, 가축의 냄새는 고향에 대한 향수에 대한 객관적 상관물이라 해도 과언이 아닐 것이다.

아직도 도시를 벗어난 곳에서는 샘이나 강에서 물을 길어다 먹는 몽골의 생활을 담은 「엄마와 둘이서 물 길러 간다」는 과거의 이야기가 아닌 현재 몽골의 일상적인 모습이기도 하다. 어린 시절 엄마와 물 길러 갈 때의 일과 물가에 놓여 있던 두 개의 알에서 느꼈던 자연과 생명의 신비감을 하나의 풍경화처럼 묘사한 아름다운 시이다. 「가을」에서는 몽골의 유목 생활의 한

면을 보여주는데, 늦가을 겨울 영지로 들어가기 전에 미리 가서 땔감을 준비하고 주변을 정리하는 모습을 그린 시로 어린 시절의 생활 속에서 느낀 기쁨을 짧은 시행에 간결하게 담고 있다. 「나의 헤르렝」에서는 헤르렝 강가에서 성장한 시인의 헤르렝에 대한 친구와 같은 애정을 묘사하고 있다. 「등」도 어린 시절 일상생활 속에서 아버지께서 하신 말씀이 살아가는 동안 생활의 방향자가 되었던 것을 회상한 시이다. 남자의 삶에 대한 의무를 비유한 '등'을 들보, 대들보로 확대시키고 이것을 다시 국토의 대들보인 산맥과 연결시켜, 건강하고 책임 있는 개인의 삶을 조국의 건재함과 동일시하는 인생관을 보여준다.

위의 시들은 모두 어린 시절 초원 생활, 시골 생활의 즐거움과 그리움을 노래한 시이지만, 어린 시절에 한정되지 않는 자연 속에서의 삶의 기쁨을 노래한 시에는 「초원 1」 「초원 2」 「구름」 「어머니는 솥에 태양을 쏟아 부으신다」 등이 있다. 「초원 1」은 초원의 달밤에서 느끼는 무한한 자유로움, 달이 있는 밤하늘과 풀이 있는 초원 속에서 자연과 동화되는 기쁨과 환희를 노래하고 있다. 「초원 2」에서는 초원 속에서 살아가는 몽골인의 건강한 삶을 보여준다. 초원은 유목 생활만이 아니라 농사, 광산 노동도 이루어지는 몽골인의 다양한 생활 터전임을 그리고 있다. 「어머니는 솥에 태양을 쏟아 부으신다」는 태양의 고마움 속에 희망차게 살아가는 유목민 가정의 하루를 동화적인 상상력으로 표현한 시이다.

몽골의 초원에는 도로가 없는 곳이 대부분이어서 잘못하면 방향을 잃기 쉽기 때문에 아무나 운전을 하고 시골을 다니기는 어렵다. 「말」에서는 다니던 초원 길을 실수 없이 달려 목적지를 찾아가는 영리한 말을 애정 어린 시선으로 찬미한 시이다.

모든 시인들이 한결같이 노래했던 어머니에 대한 그리움을 사롤보잉은 삶에 대한 반성으로 표현했다. 「어머니, 용서하셔요」는 어머니를 삶의 지침이 되는 '말씀'과 생활의 가장 중심이 되는 '흙-터전'으로 비유하고, 늘 생각하며 살아야 할 어머니를 생활 속에서 어려움이 생길 때에야 비로소 부르는 이기적인 자아에 대한 반성, 돌아가셨지만 여전히 시적 화자의 삶 속에 현현하여 어려움을 해결해주시는 어머니에 대한 고마움과 그리움을 표현하고 있다.

사랑을 주제로 하면서도 묘사에 치중한 시로는 「잠자고 있는 아름다운 여인」 「밤의 아름다움」이 있다. 「잠자고 있는 아름다운 여인」은 바람의 속삭임에 따라 숲 주변에 사는 아름다운 여인에게 접근해가는 이야기를 그림처럼 그려낸 회화성이 돋보이는 시이다. 「밤의 아름다움」에서는 달밤의 주위 풍경- 흐릿한 산, 풀을 뜯는 말의 시각적 심상과 개구리, 먼 곳에서 우는 여우, 부엉이 소리의 청각적 심상을 조화시키고, 구름 속에 비치는 달빛 아래서 사랑하는 연인과 기대앉아 그에게서 느끼는 소박하고 잔잔한 애정을 회화적으로 그리고 있다. 「만남」은 묘사보다는 심리적 상황을 순환적으로 표현한 시로, 지나가버린 젊음, 얼마 남지 않은 유한한 세상에서 늦게 만난 사랑에 대한 회한과 기쁨을 노래하고 있다.

전통 공예에 대한 관심을 보여주는 시에는 「덤버」 「항아리」가 있다. 덤버는 은이나 구리 등으로 만든 찻주전자로, 공예품으로도 매우 예술적 가치를 지니는 생활필수품이다. 「덤버」에서는 집 안에 있던 은으로 된 덤버를 백발의 할머니와 연결시켜, 덤버 주전자의 전통 공예적 가치와 인간에게 늘 차를 제공하는 덕스러움을 환유적으로 묘사하고 있다. 「항아리」에서는 조상들이 사용하던 항아리에 대한 무지와 부끄러움, 안내원의 친절에 대한 잔잔한 감동을 주제로 하고 있다.

사슴은 몽골의 대표적인 토템으로 신앙적 대상물이 되어왔는데, 「사슴의 소리」는 이러한 전통 민간 신앙을 소재로 한 시이다. 사슴의 신비로운 소리를 들으면 수명이 길어진다는 속신과 함께 조국의 등줄기인 알타이, 헨티 산맥을 뛰어다니는 사슴을 산신의 사자로 묘사하고 있다. 사슴은 산신의 사자이면서 동시에 조상신의 한 모습으로, 사슴이 내는 소리는 산신을 위무하고, 산을 평온하게 하는 조령(祖靈)의 소리로 비유된다.

청동기 시대 무덤에는 조상의 영혼을 본향으로 데리고 가는 사슴을 새긴 돌을 세웠는데, 산맥을 뛰어다니는 사슴이 소리를 낼 때, 사슴돌에 새겨진 사슴들이 소리를 주고받으며 조상의 영을 깨워 후손과 조국을 염려하게 한다고 묘사한다. 사슴의 소리는 후손을 가호하고 조국의 땅을 수호하는 조상의 소리이기 때문에 부모의 자식을 위한 기원의 마음과 동일한 것으로 비유하고 있다.

「절굿대」는 만주 지배기에 가문도 없이 귀족의 명예를 얻고 지내던 사람들이, 1937년 반동 분자, 불온 사상자 처단 시기 때 숙청된 역사적 사건을 배경으로 한 시이다. 여름을 지내지 않고 맞은 가을이란 역사를 꽃피지 못한 과거로 비유한 것이다. 전통의 뿌리를 잃고 살아야 했던 과거 역사를 비판하고 거짓된 명예를 상징하는 절굿대를 말들이 모두 먹어버렸다고 함으로써, 과거에 대한 청산과 새로운 시대에 대한 소망을 우회적으로 표현하고 있다.

현대 몽골 시 개관
현대 몽골 시의 모습

_이안나

 몽골의 시는 민중 혁명이 있었던 1921년 이후 많은 변화를 겪게 되며, 일반적으로 몽골 문학사에서는 이 시점을 현대시가 시작되는 분기점으로 잡는다. 80년대까지 몽골 문학계를 지배했던 사회주의 리얼리즘이라는 이론은 미학적인 이해를 정치적인 잣대로 재단했으며, 문학 작품의 내용뿐 아니라 예술적인 형태를 하나의 도식화된 틀에 맞추고, 사상으로 규범화하려는 경향을 가지게 되었다. 달리 말하면, 당의 지배적인 사상적 규범을 권력의 범주 안에 제한 없이 받아들이고, 정치적인 정책과 사상에 부합하는 작품에 좀더 주목하였다. 통일된 정치와 공공을 위한다는 명분하에 인간의 권익과 자유, 정서적인 면을 고려하지 않고, 정치적 신조나 관습적인 측면에서 예술 작품의 창작론에 강력한 규범을 만들었다. 사회주의 리얼리즘이 정치·사회적인 삶과 문학 작품의 창작 기법 발전에 기여한 면이 적지 않지만, 인간 사고를 획일화하였다는 점에서 자유로운 문학 정신의 발전을 저해하는 면을 지니고 있었다.

 그래서 일반적으로 몽골의 본격적인 현대시라고 하면 사회적 이데올로기에서 어느 정도 벗어나 인간과 자연의 서정성을 추구한 1960년 이후의 시들을 언급한다. 이전 시들의 내용이 사회주의 리얼리즘에 바탕을 둔 이데올로기에 대한 상투적인 찬양이나 구호가 지배적이었다면 6, 70년대 나온 시들은 이런 사상성에서 어느 정도 벗어나, 서정적인 색채를 띠면서 의미의 심화, 예술적인 사색, 작가 자신만의 독특한 묘사 기법으로 이전의 시세계와는 다른 모습을 보여주기 시작한다.

  70년대 시들은 60년대 시가 보여준 참신한 서정성의 답보적인 상태에 머문 듯하지만, 앞선 시대에 이루었던 시의 예술성을 심화시키고, 서정적 기조를 더욱 풍부히하는 면을 보여준다. 80년대 이르면 몽골 시는 서정성과 문학적 사고, 창작 기법면에서 일정한 수준에 이르게 되며, 시의 예술성을 존중하고, 독특한 필체로 이전의 관습적인 창작의 틀을 깨려는 노력을 경주하게 된다. 1980년 중엽부터 몽골 시의 모습은 빠르게 변하게 되는데, 이것은 그 시대에 존재했던 사회적 이데올로기의 속박을 대중뿐 아니라 예술 작가들이 강하게 느끼고 있었던 것과 관계가 있다. 이러한 시대적 분위기 속에서 작가들은 사상적 틀에 강하게 저항하면서, 이데올로기의 속박에서 탈피하여 사고의 자유로운 세계를 추구하고, 진정한 예술 작품을 창작하려고 애쓰게 된다. 이러한 경향을 대표하는 시인의 한 사람인 베. 락그와수렝은 그의 시선집 『서정의 궤도』에서 자연의 서정과 인간 정서의 아름다움을 표백하였으며, 호기심을 자극하는 탁월한 묘사와 비유, 언어의 의미 관계를 새롭게 시도하여 사회적 이데올로기의 보수적인 시적 경향에 대항하였다. 데. 처어덜은 몽골 시의 예술미와 맑고 깨끗한 지성적인 시가의 전통을 서양의 고전적 리얼리즘 기법과 조화시켜 시대적인 것에 대한 반성을 예술적인 묘사 기법에 흡수시킨 우수한 서사시를 창작했다. 어. 다쉬발바르의 시선집 『별들의 노래』에서 우주 공간 속에 존재하는 세계의 본질과 아름다움을 감각적인 필체로 시화한 것은 몽골 시의 혁신된 모습을 보여주는 한 예에 속한다고 할 수 있다.

  80년대 말에서 90년대 초의 시들은 민족의 유산과 정신 문화를 존중하고, 다른 나라의 시선과 굴레에서 벗어나, 어떤 한 이데올로기의 속박에 사로잡히지 않고 자유롭게 생각하며, 진정한 예술 작품을 창작하는 쪽으로 방향짓고 있었다. 이러한 분명한 예로 이스. 돌람의 시선집 『꿈의 해석』의 시들은 무속과 신성성, 상징적인 사고로 형상화된 시의 색채를 보여주며, 체. 다욱도르찌는 허트거이드 부족의 가슴 설레는 마음의 서정시들을 조화로운 리듬과 율격으로 시화했으며, 어. 다쉬발바르의 『강물이 부드럽게 흐른다』라는 시선에서는 동양의 고전적인 음양 이론의 전통과 몽골 생활의 색채를 조화시킨 민요 같은 시세계를 보여준다.

이 시대 몽골 문학을 평가하고 결론을 내리기는 매우 어려우며, 사회적 가치관의 변화로 사회의 혼란과 복잡함이 문학에도 일정하게 표현되었다. 그러나 시간적인 면에서 비록 짧은 기간이었지만, 새로운 것을 추구하고 앞으로 나가려는 힘찬 움직임은 몽골 문학의 새로운 작품들의 혁신적인 경향을 낳는 원동력이 되었다.

사회주의 리얼리즘의 이론이 퇴락해가는 사회적 상황에서 1990년 민주 혁명이 승리하여 당의 지배적 사상의 퇴조와 일반 대중의 사상적 자유는 몽골 문학 발전의 가능성과 좋은 토양을 조건화시킨다. 1990년 이후 사회적 변화와 개혁의 과정에서 대중들의 사회적 의식이 매우 빠르게 변화되고, 사회적 관념이 일원론에서 다원론으로 변화하는 가능성이 열리게 되었다. 이 시대는 이전 시대 문예 및 예술을 정치적인 정책으로 규범화했던 몽골 공산당의 사상적 제한(마르크스주의, 레닌주의), 문학적 주제(사회주의적 새로운 인간)와 형상 기법(리얼리즘)이 주류를 이루던 것에서 확연히 벗어나, 서정적인 시가 더욱 풍부해졌으며 다양한 사조의 창작론을 실험하는 작가들이 늘어나게 된다.

1990년대 이후 많은 정치·사회적 변화는 문학의 의미, 주제, 형상의 소재에 대한 제한성을 변화시키고 자유롭게 했을 뿐만 아니라, 사회주의적 리얼리즘의 이론에 대한 신뢰를 잃은 작가들이 문학 작품의 기법과 창작론의 원칙면에서 새로운 방법을 추구하려는 분위기를 조성시켰다.

　현대 문학의 모습을 아카데미치 헤. 샌필덴데브는 1990년 이후 몽골의 문학은 사회적 사상의 급격한 전환을 여러 가지로 반영하며, 새로운 사회 사상을 거부하거나 적응·조화하는 두 가지 기본적인 형태로 나타난다고 보았다.

　첫번째, 사회적인 생활의 새로운 관습에 저항하는 방향은 1) 절망, 슬픔, 무대책, 비관적인 태도, 과거에 연연해하고 부정적인 견해를 표방한 데카당스(퇴폐주의) 경향, 2) 시에 뚜렷이 표현되어 있는 새로운 사회적 체계의 약점, 변화된 시대의 어려움과 고통을 날카롭게 표현하고 비판하는 견해를 진보적으로 제시한 사회 비판적인 경향.

　두번째, 사회 생활의 새로운 관습에 적응하고 조화하는 방향으로 1) 사회적 사고가 해체되는 시대의 심리적인 면을 문학의 도구로 삼아 이용하려는 프래그마티즘(실용주의적)의 경향, 2) 현 시대의 사고와 정신의 공백을 서양 문학의 흐름 및 경향으로 모방·대치하여, 창작론의 빈약한 수준에서 창작 활동을 하는 포멀리즘(형식주의적)의 경향이 될 수 있다고 하였으며, 위와 같은 경향에서 창작론의 질적인 혁신이 이루어지지 않았으며, 우수한 작품이 나오지 않았다고 보았다. 한 가지 얻을 수 있었던 것은 사회주의 시대에는 '자본주의적'이라는 이름으로 창작하는 것을 금지시켰던 형식주의, 즉 추상적인 예술의 방향, 현대의 모더니즘 작품의 기법으로 창작할 가능성이 열리고, 이러한 방향으로 젊은 예술가들이 자신의 재능을 시험할 수 있었던 일이라고 했다.

위와 같은 결론에 대해 문학연구가 데. 갈바타르는 "이러한 견해는 1990년의 문학의 일반적인 경향을 상당히 구체적으로 명시화한 평가이다. 그러나 이렇게 일반화한 결론들은 문학의 내적인 삶과 문학의 외적인 현상들을 설명할 때 그렇게 도움이 되지 않는 면이 있다. 예를 들어, 몽골의 현대 문학의 색깔과 모습 모든 것이 데카당트와 사회를 비평하는 자, 아니면 이익을 추구하는 프라그마티스트, 사회 정신의 빈 공간을 이용하는 포멀리스트들의 경향으로 명시화되어 있다고 보는 것은 그리 합리적이라고 하기 어렵다. 이러한 것들은 무엇보다 문학 작가인 어느 한 개인에서가 아니라 사회적 분열, 과도기적인 시대의 위기적 상황, 생활과 정신의 궁핍, 새로운 사회의 정신 문화의 방향을 모색하려는 여러 면과 관계가 있다"고 언급했다.

일반적으로 몽골의 현대 문학은 기본적으로 두 가지 방향을 가지고 발전하고 있다고 볼 수 있다. 첫째, 전통적이고 고전적인 리얼리스트가 문학의 옛 유산과 전통을 바탕으로 창작론을 새롭게 개선하여 지키려는 수구주의 경향. 이러한 경향에 장년층, 중년층, 청년층의 전통 문학의 경향을 가치 있게 여기는 문학가들이 포함된다.

둘째, 문학을 단지 전통적인 것으로 제한하지 않고, 다원화된 자유로운 사고에 바탕을 둔 다양한 흐름의 경향. 여기에 어떤 일부의 장년층과 중년층의 작가들, 또 대부분 문학의 계승자인 1980년대 말과 1990년대의 젊은 문학가들이 포함된다.

1980년대 말과 1990년대 전통적인 시의 경향에 이쉬. 오양가, 체. 홀랑, 쩨. 볼트-에르덴, 체. 바오도르찌, 헤. 칠라아짜브, 헤.

숙그레그마, 게. 멍흐체첵, 헤. 테르겔, 게. 아요르자나 등 많은 재능 있는 시인들이 들어와 여러 새로운 경향 ─ 낭만주의 경향, 토속적인 색채(지방색) ─ 을 받아들이고 철학적인 시들, 초현실주의, 실존주의 등의 실험적인 시들을 창작하여 몽골 시를 풍부하게 하였다.

베. 갈상수흐, 게. 바담삼보, 체. 뭉흐바야르, 데. 다쉬뭉흐, 헤. 바트호익, 게. 냠-어치르, 이스. 아노다리, 체. 첸드 등 젊은 시인들은 리얼리즘이 아닌 여러 가지 새로운 사조 ─ 모더니즘, 포스트모더니즘, 인상주의, 실존주의, 초현실주의, 상징주의 등 ─ 를 생성시키는 데에 적지 않은 성공을 거둔다.

1990년에 들어서면서 '정─예감' '고노' '비슈비' '후레 허브구드(도시 아이들)' '주스 부젝그 안도드' '시의 개혁을 위한 100년 전쟁' '상치르(토성)' 등 문학을 혁신하려는 목적을 가진 여러 문학 단체들이 생기게 된 것을 언급할 수 있다. 몽골 문학을 혁신하려는 새로운 추구자들인 젊은이들에서 '모더니즘의 전위대'라는 칭호가 붙여졌으며, '주스 부젝그 안도드'의 모임 사람들과 그에 속한 게. 바드마삼보는 감수성을 이용하여 인간 정서와 사고에 담겨 있는 수많은 색깔과 빛, 생각과 이해, 음악적 리듬을 생성시키려 했던 철학적이고 미학적인 시들을 창작했다. '상치르' 그룹 사람들은 비교적 유럽 스타일을 가지고 있었으며, "시는 감각으로 인식하며, 감각으로 쓴다"는 기본적인 태도 위에서 시를 창작했고, 이 그룹의 멤버인 일. 을찌투그스 는 서양 시의 창작 방법에 기초한 특수한 감수성과 기교적인 시들, 게. 아요르자나는 생활의 본질을 여과시키는 철학적인 시세계를 추구한 전위적인 경향을 가진 사색적인 시들을 창작했다.

현대 몽골 시를 평가하는 것은 매우 어렵고 복잡하다는 것을 위에서 언급했다. 문학의 새로운 방법을 추구하고, 창작하는 많은 예술가들은 지금도 자기 나름의 색채를 가지고 의욕적인 창작 활동을 하고 있기 때문에 정확히 이러한 경향, 저러한 기법으로 시를 쓴다고 평가를 하기에는 아직 이르다. 그러나 오늘날 몽골의 시인들의 창작 방법론 및 내용을 언급한다면 크게 다음과 같이 구별해볼 수 있다. 창작 방법론으로는,

1) 몽골의 전통적인 창작 기법에 바탕을 둔 것
2) 서양 문학의 창작 기법에 바탕을 둔 것이 있으며,

내용적인 면으로는,

1) 동양의 정신 문화에서 소재를 얻어 시적 세계를 탐구한 것
2) 불교 철학을 바탕으로 한 것
3) 몽골의 생활과 토양 위에서 소화된 것들이 있으며, 이러한 몇 가지 기본적인 성격에 기초한 철학적이고 미학적인 시들이 씌어지고 있다고 볼 수 있다.

본 장을 쓸 때 베르스 대학 교수이며 시인인 데. 소미아 선생님의 도움을 받았음을 밝힌다.

역자 후기

지금까지 네 분의 몽골 시인의 시를 소개했다. 시인 각자의 시들이 갖는 독특한 시맛을 살리려고 노력했지만 만족스러운 상태에 이르지 못한 채 시를 선보이게 되어 부끄러움을 금할 수 없다. 언어 예술인 시 번역이 갖는 한계성을 절감하지 않을 수 없는 작업이었다. 특히 몽골 시는 두운 연결에 대한 시 창작의 전통이 강하고, 위의 네 시인의 시 역시 모두 이러한 전통 위에서 창작된 시들이었기 때문에 한국어로 번역했을 때 몽골어 운율의 맛을 충분히 살릴 수 없는 안타까운 점이 있었다. 이러한 점을 보완하고, 작가들의 시에 대한 이해를 돕기 위해 작품에 대한 간략한 해설을 덧붙였으며, 몽골 시문학의 전체적인 이해를 위해 현대 몽골 시문학의 경향 및 그 모습을 개괄적으로 소개했다.

몽골은 역사적으로나 인종학적으로 우리와 긴밀한 관계를 갖고 있는 나라이며, 지정학적으로도 매우 근접한 나라라 할 수 있다. 몽골인들은 한국인과 정서적으로 가장 유사한 기저를 가지고 있으며, 생활 풍습도 우리와 비슷한 점을 상당히 많이 가지고 있다. 국경 없는 사회를 이루어갈 때 몽골은 우리의 주 관심 대상이 될 수밖에 없는 나라라 생각한다. 이러한 점에서 부족하지만 본 시선집이 앞으로 전개될 한국과 몽골의 문학 교류 및 두 나라 문화 관계의 발전을 위한 작은 디딤돌이 되었으면 한다.

본 시선집이 나오기까지 많은 애를 써주신 사단법인 몽골·

울란바타르 문화진흥원과 파라다이스 문화재단에 진심으로 감사드리며, 교정을 위해 시간을 할애해주신 많은 분들께도 고마움을 전한다.

년도	대
구입자	345
	년 월 일

대단히 감사합니다.